¡Sssssshhhhhhhhhh!

Haz del teatro algo íntimo

Llévalo siempre en el bolsillo

Cubierta y diseño editorial: Éride, Diseño Gráfico
Dirección editorial: ángel jiménez
Coordinador de la colección: Javier Llanos

Primera edición: julio, 2024

La Paz
© Herederos de Francisco Nieva
© Del prólogo (1977): Manuel Canseco
© Del prólogo (2024): Rakel Camacho
© VdB, 2024
Espronceda, 5
28003 Madrid

VdB®

ISBN: 978-84-19850-67-6
Depósito Legal: M-15950-2024
Diseño y preimpresión: Éride, Diseño Gráfico

 Este libro protege el entorno

la paz

Celebración grotesca sobre Aristófanes

Esta obra se representó, por primera vez,
dentro de la programación de la 23a edición del Festival
Internacional de Teatro Clásico de Mérida.

Y por segunda vez, dentro de la programación
de la 70a edición del Festival Internacional
de Teatro Clásico de Mérida.

Dirección: Jesús Cimarro.

Francisco Morales Nieva
(Valdepeñas, Ciudad Real,
29/12/1924-Madrid, 10/11/2016)

Dramaturgo, escenógrafo, director de escena, narrador, ensayista y dibujante español. Académico de la Real Academia Española desde 1990, donde ocupó el sillón «J», su producción teatral le valió el Premio Nacional de Teatro en dos ocasiones (1980 y 1992), el Premio Nacional de Literatura y el Premio Valle-Inclán (2011), por la escritura y dirección de *Tórtolas, crepúsculo y... telón*. Por su producción literaria en general, se le otorgó el Premio Príncipe de Asturias de las Letras en 1992.

Como escenógrafo su labor empezó con José Luis Alonso Mañés, con quien colaboró realizando los escenarios de *El rey se muere* de Ionesco. Trabajó después con Adolfo Marsillach en las escenografías de *Pigmalión* de George Bernard Shaw y *Después de la caída* de Arthur Miller. Estos trabajos lo transformaron en una figura de referencia en su campo, y a lo largo de los años sesenta se ocupó de *La dama duende* de Pedro Calderón de la Barca, *El zapato de raso* de Paul Claudel, *El burlador de Sevilla* de Tirso de Molina, *El señor Adrián* de Carlos Arniches y, por supuesto, *Marat-Sade* de Peter Weiss, de nuevo bajo la dirección de Adolfo Marsillach y Antonio Malonda.

La obra dramática de Francisco Nieva puede dividirse en dos grandes grupos, llamados por el autor *Teatro furioso* y *Teatro de farsa y calamidad*. Aunque ya existía una edición de su *Teatro completo* de 1991 en dos volúmenes, la *Obra completa* publicada en 2007 modifica bastante los textos, recopilando en dos tomos de unas 2500 páginas cada uno toda su producción. El primero está dedicado a su Teatro y el segundo recoge toda la Narrativa y una selección de artículos.

Francisco Nieva

la paz

Celebración grotesca sobre Aristófanes

Esta función se estrenó en el Teatro Romano de Mérida
el 1 de julio de 1977, interpretada por Enrique Navarro (Corifeo),
Antonio Mancho (Esclavo 1), Carlos Torrente (Esclavo 2)
Manuel Gómez-Álvarez (Esclavo 3), Carlos Lemos (Trigeo),
Etelvina Amat (Hija de Trigeo), Cándida Tena (Hija de Trigeo),
José A. Ceinos (Hermes), Julia Trujillo (La Guerra),
Francisco Racionero (Tumulto), Rosa María Redondo (La Paz),
Juani Marín (Primavera), Elena Movi (Festival), Ángel Rodal (Coro),
Gabriel Salas (Coro), Antonio Santos (Coro), Ernesto Caballero (Coro)
e Ignacio Del Moral (Coro).

Dirección: Manuel Canseco
Escenografía: Francisco Nieva

Y el 17 de julio de 2024, interpretada por Joaquín Reyes (Trigeo),
Ángeles Martín (Corifea), Sara Escudero (Hermes), Astrid Jones (La Guerra),
Laura Galán (La Paz), Carlos Troya (Tumulto), Pedro Ángel Roca (Esclavo),
Nerea Moreno (Esclava) y Gilda Polo Camacho / Viena Polo Camacho /
Vera Sánchez y María Almagro (Coro).

Dirección: Rakel Camacho

A Vicente Aleixandre

La Paz

Era un compromiso encargarme de versionar una obra, pues siempre estaba dispuesto a cometer abusos y hacer trampas. Y estas versiones libres son fervientes y exaltados homenajes y glosas de tan admirables y respetables textos. Diré de una vez que demuestran una confiada y alegre infidelidad, de lo más fiel a la esencia de la obra. Al encargarme *La Paz*, de Aristófanes, para el teatro romano de Mérida, al mismo tiempo que me quedé admirado de su atrevimiento, de su modernidad, siempre latente, me di cuenta de cuán difícil era hacer llegar al gran público tanta referencia a personajes y sobreentendidos de lo más familiar para el público helénico, que aún arrastraba con fatiga la guerra del Peloponeso. Lo más evidente para mí fue que el ingenio ático era, con dos milenios y medio de adelanto, tan vaporoso, encantador, frívolo y poético como no lo son las farsas más modernas; algo deslumbrante, algo inusitado.

Era necesario que aquello se viera y se apreciara por un público popular, que nada supiera de Aristófanes, que se asombrara con el escarabajo volante y de la devota familiaridad de los atenienses con sus dioses paganos; el clima político y antibélico que se expresa en términos de sorpresa y carcajada. Después de consultar muchas traducciones, una francesa llamó poderosamente mi atención: empleaba el lenguaje del *vaudeville* y también próximo al *Ubú*, de Alfred Jarry, comparable en ciertos aspectos al del género chico. Esto, mezclado a la elocuencia poética y satírica que señorea todo el magnífico texto de Aristófanes, daba un resultado que me pareció óptimo. Y lo consideré un hallazgo. Lo exploté con toda deliberación y del modo más gratificante. *La Paz* hizo volar mi imaginación con el escarabajo del viñador Trigeo. Mi texto mezclaba cierto gongorismo barroco con los términos más populares. Polemos se convirtió en figura femenina, en zarrapastrosa comadre de zarzuela, así como Tumulto, su ayudante, en el golfillo madrileño que denominaron el Pichi. Hermes, en un señorito intelectual algo amanerado y con mucha recámara. Y encantador también. Y paradójicamente ático. El Coro se queja de estar mal pagado y el Coreuta se trasmuta en el mismo Aristófanes, que se autoelogia y se pone por las nubes, desafía al público y al olvido de su obra para siempre, iluminando el más rutilante humanismo. Puedo decir que fui absolutamente feliz al escribir esta libre versión de *La Paz*. Me volví poeta y rimador, porque en realidad Aristófanes mezcla la más desgarrada sátira con invocaciones poéticas de un insólito refinamiento, más que lo pudiera hacer Quevedo.

La obra sorprendió por ser la primera farsa cómica que se representaba en el reconstruido escenario de Mérida, y por la altísima grúa que hacía planear al escarabajo por encima de los espectadores, totalmente invisible por la oscuridad. Su dirección e interpretación eran excelentes. Su música de fondo era la sinfonía Júpiter, de Mozart, porque Mozart sirve para todo. Luego se representó muchas veces y en muy diferentes espacios. Pero la crítica la tuvo siempre como un alarde de elocuencia cómica y poética. Si toda obra de arte es un proceso de autorrealización, es de creer que yo me sintiera realizado al máximo, como nunca lo hubiera previsto.

Francisco Nieva.

La Paz. (1977)
Los trajines de su montaje.

La adaptación.

Cómo buen extremeño, el Teatro Romano de
Mérida siempre ejerció en mí una especial
atracción y así un año después de haber formado compañía, es decir en 1977, propuse al
patronato nuestra participación en dicho espacio, dentro de los Festivales de España, con
dos obras.

Me parecía que era el momento de una programación más extensa de teatro grecolatino
en un espacio tan singular. La propuesta consistía en la representación de las obras *Orestes*, de Eurípides y *La Paz*, de Aristófanes; es
decir, una tragedia y una comedia. La oferta
fue aceptada y escogí a dos buenos dramatur-
gos del momento para adaptar o versionar esos
textos, con el fin de hacer lo más asequible
posible su asimilación por el público del momento, más acostumbrado a los grandes mon-
tajes de Tamayo que a la pureza de los textos
helénicos. De la versión de *Orestes* se encar-
gó Domingo Miras y la de *La Paz* se la pedí a
Francisco Nieva, y tuve la suerte de que ambos aceptaran encantados.

Orestes, a pesar de producirlo yo, decidí que lo montara otro joven director de entonces: Vicente Sebastián. Yo me reservé, para mi presentación entre mis paisanos, y mi debut en el imponente monumento, el texto encargado a Francisco Nieva.

A Nieva, lo había conocido durante el montaje efectuado por mi maestro José Luis Alonso, del que había sido ayudante hasta hacía bien poco en el Teatro Nacional, de dos obras suyas: *El combate de Opalos y Tasia* y *La carroza de plomo candente*. El hecho de que mi pareja Julia Trujillo participara en la primera de ellas, y mi amistad con José Luis, me acabó arrastrando a colaborar en dicho montaje y, como digo, a conocer bien al autor y su especial tipo de teatro.

Nieva, con su particular modo de ver el teatro, nos preparo un texto jugoso y original que, aunque se despegaba algo del primitivo griego, estaba lleno de grandes aciertos, tanto en su concepción como en el rico y peculiar verbo que caracterizó siempre a las obras de Paco.

Recuerdo que empezamos a ensayar teniendo tan solo la primera parte, mientras Nieva daba a luz el resto de la obra. Su influencia artística caló rápidamente en mí y la comunicación, tanto con él como con el resto del equipo, fue absoluta. El vestuario y las máscaras fue diseñado por personas de su entorno –Juan Antonio Cidrón y Juan Miguel Ruiz Medianero– y el posible resultado una vez confeccionado tenía tintes de gran originalidad. De esta manera formamos un sólido equipo en el que todos participamos muy activamente en su creación, llegando incluso el propio Nieva a efectuar el diseño del programa de mano.

El personaje de La Paz, en esta versión, aparecía en escena como un ser pachorrón, que ni siquiera hablaba ni se movía, y cuya única actividad era hacer punto tranquilamente, exasperando con ello a La Guerra, personaje de armas tomar, que interpretó sobresalientemente Julia Trujillo, una de las actrices preferidas del autor.

La cachaza de La Paz nos sugirió que se trataba de una señora obesa, por lo que seleccionamos a una encantadora joven que rondaba los 160 kilos, y que ni siquiera se dignaba a andar, sino que se desplazaba por la escena sobre un carro tirado por el Coro y diseñado por el propio autor.

Todos los personajes se presentaban ante el espectador con características bastante originales. Las dos hijas de Trigeo eran siamesas, embutidas en un mismo traje, hablando al unísono y con solo dos brazos; el dios Hermes recordaba con sus galas y desnudez a una diva de revista, llena de plumas y lentejuelas; Trigeo vestía con un traje largo con panza y faldita, al estilo del famoso payaso Charlie Rivel; El Tumulto, ayudante de La Guerra, lucía sus nalgas, en las que llevaba «tatuado» un corazón, merced a dos grandes agujeros en sus pantalones; La Guerra llevaba un traje formado por láminas imitando a cobre, en forma de coraza, y de su lanza salían fuegos artificiales, etc. Era de destacar también el trabajo de máscaras de todos los personajes, mucho más cercano al comic que a la tradición griega. La propuesta era arriesgada por su atrevimiento, pero merecía la pena.

El montaje complementó y potenció esa estética y el cuerpo de los actores adquirió verdadera importancia, estudiando en cada personaje la forma de moverse. Tal potenciación llegó al punto de que el Coro (constituido por una mezcla de actores profesionales y alumnos del Aula de Teatro de la Universidad Autónoma, que entonces dirigía yo) que no tenía más allá de cuatro o cinco frases o parlamentos, se convirtió en el verdadero protagonista del montaje. Entre aquellos alumnos figuraban los nombres de Ana Gracia, Ernesto Caballero o Ignacio del Moral, que luego han destacado en su labor teatral en diferentes campos.

La grúa y el monumento.

Sabido es que en la obra su protagonista Trigeo llega al Olimpo, en busca de La Paz, montado en un escarabajo pelotero. Se diseñó tal escarabajo de modo que pudiera transportar en su interior al protagonista. Para efectuar el vuelo del escarabajo se me ocurrió que la única manera segura, teniendo en cuenta que además debía llevar a una persona sobrevolando toda la cávea, sería hacerlo colgado de una de esas altas grúa de brazo que se utilizan habitualmente en la construcción. Ello nos permitiría efectuar el vuelo con suficiente agilidad ya que admitía el desplazamiento tanto vertical como horizontal, además del necesario giro de un lado al otro sobre el público que realizaba el largo brazo, y de la altura, que nos permitiría situarla en el peristilo sin que se viera más que el brazo, que quedaría velado por la iluminación. Pero, ¿se nos permitiría la instalación de una de esas grúas detrás de la monumental fachada de la escena? Sin duda, podía considerarse un riesgo para el monumento. Hablé con los responsables del Festival que me remitieron, sin muchas esperanzas, al entonces cuidador del espacio.

Me dirigí al edificio donde se encontraba, dispuesto a dar toda clase de seguridades, ruegos y explicaciones de que la utilizaríamos con todo tipo de cuidado. Me recibió muy amablemente. Apenas me dejó tiempo para explicaciones pues, nada más acabar de exponerle mis intenciones, enseguida me espetó:

—¿Una grúa? Como si quiere usted poner cinco a ver si se carga el invento ese de Menéndez-Pidal. —Se refería al arquitecto y arqueólogo José Menéndez-Pidal y Álvarez encargado de la reconstrucción del frente de la escena.

Ni que decir tiene que aquella salida me dejó helado. Era lo que menos hubiera esperado, pero permitía plenamente llevar a cabo nuestro propósito, así que salí de allí contento a más no poder. Ahora se trataba de conseguir una grúa de construcción, cosa nada fácil si se tiene en cuenta el escaso presupuesto manejado en esas fechas por una compañía privada. Pero la suerte parecía estar de nuestra parte, a la primera gestión una empresa de construcción de Mérida estaba dispuesta a cedernos una grúa de esas características, siempre que nos hiciéramos cargo de los gastos del personal de montaje, advirtiéndonos que dicho montaje solía durar unos siete días. El acuerdo quedó cerrado y yo me volví a Madrid para continuar con los ensayos. Todo parecía haber salido a pedir de boca, como suele decirse.

Más tarde comprobé que no había sido así. Seguramente *La Paz* ha sido el trabajo más accidentado al que me he enfrentado en mi vida teatral.

Acabado el periodo de ensayos en Madrid, nos trasladamos a Mérida para los ensayos generales de *Orestes*, que se representaba en primer lugar. ¡Cual no sería mi sorpresa al constatar que en el peristilo del teatro no había ni el menor vestigio de la grúa!

Mientras Vicente Sebastián se ocupaba de dar los últimos toques a la tragedia, que protagonizaba Juan Diego, yo me dirigí con el alma en vilo a ver al dueño de la empresa que había prometido cedernos el aparato.

—Como ustedes no han vuelto por aquí pensé que ya no la necesitaban —me dijo—. Lo siento, ya no da tiempo a ponerla en pie.

Habíamos acordado que ellos se encarga-
ban de transportarla y comenzar los trabajos,
aunque los gastos corrieran de mi cuenta. El
mundo se tambaleó a mi alrededor. En aquel
trasto se había basado una parte importante y
espectacular del montaje. Insistí:

—¿Pero usted sigue cediéndonos el material y su personal para montarla?

—Yo se los dejo, sí, pero ya les digo que el
montaje es complicado y no creo que esté a
tiempo.

—No se preocupe por eso. Póngame en
contacto con el encargado y lo intentamos
—repliqué.

Así lo hizo, cosa que siempre le agradece-
ré, y nos pusimos manos a la obra sin perder
tiempo...

A primera hora de la mañana siguiente se
transportó el material y comenzó el montaje.
Cuando hacia las siete de la tarde aquel hombre nos visitó para ver como iba la cosa, la
grúa estaba prácticamente montada y un ope-
rario, jugándose su integridad física, iba a lo
largo del brazo, haciendo equilibrios, colocan-
do el cable del que había de pender la barquilla del escarabajo.

—¡Me caguen...! ¿cómo es posible que a
mi me tarden tanto tiempo y aquí la hayan
montado en menos de un día?

La explicación era sencilla: para montar la
grúa de construcción, que generalmente se
automonta pieza a pieza hasta alcanzar la altura deseada, yo había contratado un camión

grúa de brazo largo que la había ido montando. Es decir, que montamos la grúa con otra grúa, lo que había reducido enormemente los tiempos necesarios. El gasto se había incrementado, pero habíamos conseguido nuestro propósito.

—Además, —le expliqué, tratando de calmarlo— no ha sido necesario poner una base tan sólida como la que ustedes necesitan, porque el desplazamiento de la base es nulo y el movimiento de la pluma muy limitado...

Al poco, el cable con la polea llegaba al suelo y ello nos aseguraba poder efectuar unas pruebas después de las funciones de *Orestes*. Habíamos salvado la situación.

La grúa funciono espléndidamente en todo momento y fue uno de los ingredientes más espectaculares del montaje.

Los ensayos generales.

Los ensayos en Madrid habían ido estupendamente. La creatividad se había adueñado del equipo y el trabajo resultaba chispeante, atrevido, divertido. El Coro, compuesto como ya he dicho por gente voluntariosa y joven, iba empastando con sus movimientos y actitudes las interacciones del resto de los personajes. Carlos Lemos, el gran gon Carlos Lemos se había hecho cargo del singular personaje de Trigeo. He de aclarar que había algunas expresiones de Nieva que se le resistían a causa de la desvergüenza del lenguaje, sobre todo en los momentos en que insultaba graciosamente al público, convertido en los pobladores de Atenas. Optamos por hacer algunos cortes de esas frases que se le resistían y todo funcionó.

Ya en Mérida, esperamos al estreno de *Orestes*, función en la cual no trabajaba Lemos, aunque sí el resto del reparto, y atacamos seguidamente los últimos ensayos de La Paz. A causa del horario de la función, los ensayos había que hacerlos o a primera hora de la tarde, cosa impensable en caluroso clima veraniego de Mérida, o al acabar la representación de *Orestes*, ya hacia la una de la madrugada: como es lógico opté por lo segundo.

Antes, el primer ensayo fue únicamente un pase de letra, que se hizo en uno de los salones del Parador Nacional, por la tarde, Carlos se acercó a mí y me comentó:

—Creo que te voy a dar una alegría. He abierto todos los cortes que habíamos hecho.

En efecto, esa era una buena noticia. Repasamos todo el texto y efectivamente Lemos se sabía toda la función, tal como me había comentado. La compañía se retiró a descansar y quedamos para hacer un ensayo en el Teatro por la noche.

Todo iba normal hasta que a don Carlos se le fueron olvidando frases, hasta el punto de que no recordar casi media función. El hecho era preocupante, pero lo achaqué a las novedades del vestuario, el espacio, sensiblemente mayor que el de los ensayos anteriores, y los efectos que se iban incorporando. Yo, traté de quitarle importancia al hecho para no poner más nervioso a Lemos, pero la inquietud se reflejaba en el rostro del reparto.

Al día siguiente el hecho se agravó, a don Carlos Lemos «se le había olvidado» prácticamente toda la función. Así era imposible estrenar. Yo intentaba sacar el ensayo adelante como fuera. Para mí el asunto era tremendamente grave. Suspender la función suponía, no solamente un fracaso como director en mi primer montaje en Mérida, sino también un quebranto económico difícil de superar. Me había embarcado en una aventura digna de un teatro nacional con los escasos medios de una compañía privada, que no contaba más que con un año de existencia y unos préstamos personales al dieciocho por ciento de interés.

En un momento del ensayo, Lemos lo interrumpió llamando airadamente la atención a los componentes del coro. Les achacaba que con sus movimientos lo distraían y se le iba la letra y les pedía que permaneciera quietos. Siempre lo habíamos ensayado de esa forma. Yo, que estaba sometido a tanta presión salté (perdón por la expresión):

—Me cago en mi padre, Carlos. Aquí no llama nadie la atención más que yo.

Se produjo un silencio absoluto. Tiempo más tarde Lemos me dijo, en más de una ocasión, que era el taco más grande que había oído en su carrera. Yo le recordé que había mencionado a mi padre y no al suyo, pero seguramente fue el tono con el que lo dije lo que hizo que sonase tan concluyente, en medio de aquellas milenarias piedras.

No recuerdo muy bien si llegamos a concluir el ensayo o se suspendió poco después, pero lo siguiente que sucedió sí lo recuerdo con angustiosa nitidez.

Mientras los actores se desvestían, nos reunimos todo el equipo intentando encontrar una solución. Era imposible el debut en aquellas condiciones. Yo era un director joven, con una experiencia limitada y sin un gran nombre que me avalara, y en el otro extremo se hallaba uno de los actores a los que yo más admiraba, con un brillante y portentoso historial. ¿Qué hacer? Nieva, que veía peligrar también su estreno, era el más duro, tal vez por ser el más realista:

—En estas condiciones Carlos no puede estrenar, hay que decírselo y buscar la forma de sustituirlo....

Pero el que tenía que tomar la decisión era yo. ¡El que debía enfrentarse a la cruda realidad era yo! Cómo puede decírsele a una figura del teatro como Don Carlos Lemos que no puede hacer un papel, después de haber brillado en tantos otros. Y, ¿quién era el que había de decírselo?: alguien que estaba aún en los inicios de una carrera que ni siquiera alcanzaba a ver dónde le había de llevar.

No sé cómo pude llegar a insinuárselo, a no ser por la insistencia algo despiadada de Nieva. Con un nudo en la garganta hablé con

Carlos y se lo dije. La expresión del rostro de Lemos, la recuerdo no sin que la emoción me embargue aún. Como también recuerdo perfectamente sus palabras:

—Manuel, ¿te das cuenta de que este es el final de mi carrera?

El nudo que tenía en la garganta no me permitía decir nada. Carlos continuó:

—Sé que vas a tener un gran éxito con esta función y que la vas a hacer en Madrid. Sólo te pido una cosa: déjame hacerla allí.

No puedo describir con palabras la emoción y los sentimientos que se albergaban en mi interior. ¡Era yo el que tendría que haberle suplicado a don Carlos Lemos que me dejara trabajar con él! Me repuse como pude y le dije:

—Carlos, para mí esto es tan doloroso como para ti o más. Sabes que te admiro, y si de verdad se produce ese éxito que me anuncias y estrenamos en Madrid, puedes estar seguro de que te llamaré. Solamente te pido una cosa: yo te aviso quince días antes de los ensayos y lo intentamos, pero si vemos que no puedes ni siquiera lo hablamos, automáticamente desistimos de ello. No quisiera que esta situación, por el bien de los dos, volviera a repetirse.

Esta conversación tuvo lugar a la salida de donde se situaban entonces los camerinos provisionales, al arranque de la amplia escalera que conduce hasta la entrada principal del recinto. Lemos inició su marcha escalón tras escalón. No sé cuantos años parecían haber caído sobre él, de pronto. Con la espalda encorvada, aquel hombre que siempre había tenido tan gallardo aspecto, se alejaba de nosotros tremendamente envejecido. El llanto inundó mis ojos ante aquella visión. Toda la tensión acumulada salió a la luz. Al volverme, me di cuenta de que no lejos de allí, sentados unos sobre las piedras y otros en el suelo, Julia Trujillo y gran parte de los miembros del Coro tampoco habían podido contener las lágrimas.

Ese fue el día más triste de mi vida profesional.

Poco más tarde, el vaticinio de Carlos Lemos se cumplió. El éxito del montaje fue absoluto y se programó en el Teatro Nacional María Guerrero. Cumplí lo prometido y don Carlos Lemos hizo el papel. Por aquella interpretación, tan alejada de sus registros habituales, se llevó todos los premios de ese año.

La sustitución.

Pero ahora se planteaba el grave problema de sustituir en veinticuatro horas al protagonista de la función. La edad era lo de menos, puesto que se trabajaba con una máscara que cubría prácticamente toda la cabeza, y para el cuerpo el propio traje llevaba una botarga que le daba ese carácter bonachón y barrigoncete con el que había concebido el personaje.

Se ofreció a hacerlo el propio Paco Nieva, le hice ver las dificultades que tenía la acústica del monumento para una persona no habituada a esos menesteres, pero insistió tanto que no tuve más remedio que permitirle hacer una prueba. Apenas se le oía más allá de la cuarta fila y, en aquellos tiempos -costumbre que desgraciadamente se ha perdido en la actualidad-, en el Teatro Romano se consideraba un crimen utilizar micrófonos. Yo, no estaba en condiciones mentales para ponerme a estudiar el papel, por mucho que me sonaran los diálogos. Había un montón de cosas por resolver, como la puesta de luces por ejemplo y ese sí era mi cometido...

Se corrieron papeles y le pedí a José Antonio Ceínos que se estudiara el de Trigeo ya que, desde el suyo, había participado en los ensayos y sabía más o menos los movimientos. Ceínos siempre tuvo una memoria prodigiosa y una rapidez de aprendizaje encomiables -como su madre María Carrasco-, pero el plazo era tan corto que se decidió, tras consultar con la organización, retrasar el estreno veinticuatro horas. Así pues, tenía dos días para intentar memorizar al máximo el texto. Plazo que se nos antojaba demasiado corto, por lo que decidimos que debíamos tener prevista alguna ayuda que le permitiera recibir el texto en caso de duda.

En aquellos años la tecnología acústica tenía un grado de desarrollo sin punto de comparación con la que existe en estos momentos. Los inalámbricos no existían y los auriculares eran verdaderas alcachofas acopladas a las orejas. Nieva propuso una solución: «podemos utilizar una emisora de las que portan los guardias civiles en las motos. Yo puedo hacer una bolsa o morral y que la lleve el personaje, al fin y al cabo, viene de hacer un viaje».

Desde la producción nos pusimos en marcha y conseguimos que los de tráfico nos prestaran una emisora. Con los cascos no había problema ya que quedaban disimulados en el interior de la máscara, que cubría toda la cabeza dejando libre nada más que nariz y boca, pero el receptor pesaba tanto que dio al traste con aquella posible solución. Era imposible evolucionar por la escena con aquel peso.

Estando en esto, Ceínos me llamó y me dijo que esa noche podía ensayar porque se sabia ya la primera parte (la obra estaba dividida en dos). Aquello era un gran alivio, si en un día se había aprendido la mitad era posible llegar al estreno con el papel sabido.

Procedimos esa noche al ensayo general de toda la primera parte, y todo funcionó de maravilla. Es más, la barquilla del escarabajo sujetada por la grúa, que con Carlos era imposible, y poco conveniente, elevar más allá de dos o tres metros sobre la escena, lució en todo su esplendor, haciendo volar a Trigeo por encima del público mientras con un megáfono de los antiguos de cine, tal como estaba previsto, insultaba al público animándolo a conseguir la paz.

Acabamos pronto el ensayo con el fin de que José Antonio pudiera dedicarse a estudiar y descansar, mientras yo me quedaba con los técnicos ajustando luces.

Eran casi las siete de la mañana y apenas me había acostado, cuando me despertaron con una insistente llamada de teléfono: Ceínos se encontraba fatal de la garganta, sin voz y con más de cuarenta grados de fiebre. El frío y el relente de la madrugada emeritense se había proyectado directamente en su garganta a través del megáfono.

Todo se venía nuevamente abajo. Se le trató con *Urbasón* y poco a poco fue recuperándose. Se empeñaba en hacer la función, pero estaba claro que le sería imposible estudiar a fondo la segunda parte. Ensayamos sin él con la esperanza de que se repusiera y pensamos la manera de poder apuntarle la letra, al menos de la segunda parte. Para ello, instalamos en el lado derecho de la escena, fuera de la vista de los espectadores, un amplificador con un micrófono, que mediante cable debía comunicar con los auriculares que llevaría el actor.

Dos eran los grandes inconvenientes de esta solución: el escenario mide sesenta y cuatro metros de lado a lado y el personaje se movía casi por toda la escena; por otro lado, la obra comenzaba con el vuelo de Trigeo sobre el escarabajo y era imposible que llevara conectado tanto cable, volando además a la vista del público. Suprimir el efecto del vuelo después de todo lo que habíamos sufrido para conseguir utilizar la grúa era impensable. Para solucionar el problema se compraron no sé cuantos metros de cable microfónico. Pero, ¿cómo lo llevábamos hasta los auriculares?

La solución fue sencilla. El actor los llevaba puestos desde el principio y un trozo de cable recorría su cuerpo bajo el traje y terminaba, junto a su pie, en un conector hembra. Durante el vuelo no había problema puesto que Ceínos se sabía el papel y, al descender sobre la escena, hice que el Coro se arrodillara a su alrededor, dándole la bienvenida al Olimpo, momento que uno de los componentes conectaba mediante una clavija el resto del cable, que había sido tendido por todo el escenario hasta aquel punto. Al otro lado del cable, detrás del micrófono, estaba yo soplando la letra. Así hicimos el estreno.

Eso sí, lo hicimos con el alma en vilo. Yo no había querido cambiar los movimientos, sobre todo los del Coro, que tanto tiempo había costado ensayar, y por encima del cable debían cruzar de vez en cuando todos sus componentes, así como los otros personajes y, lo que era más peligroso, el carro que transportaba, además de su peso, los ciento sesenta kilos de La Paz. Milagrosamente nada sucedió y pudimos acabar con éxito la primera representación.

El montaje estaba lleno de pequeños trucos, fuegos artificiales, petardos, etc. y recuerdo que en el descanso alguien del público me preguntó:

—¿Qué truco es ese del cable que sale de los pies de Trigeo?

Y es que, al hacer mutis por la escalera de acceso a la valva regia, el cable de los auriculares se hizo mucho más notable que mientras se paseaba por el escenario, entonces de tierra.

Al día siguiente, tal como era previsible, el carro donde iba La Paz cortó el cable en medio de la representación... pero para entonces Ceínos ya se sabía el papel.

Otro nuevo contratiempo.

Cuando todo parecía solucionado, y en medio de la intranquilidad que ya de por sí nos producía la situación en que nos encontrábamos, surgió otro inconveniente.

En el final de la obra, su protagonista Trigeo presentaba a la asamblea a dos bellas jóvenes (Primavera y Festival) y a esta última la ofrecía el «Consejo rector» como ofrenda de la paz. En palabras de Nieva:

> *«Ella representa la desnuda verdad y la libertad sin tapujos dentro de un orden, porque no tiene los pies en las manos ni los senos en las rodillas. Y para verlo, no hay sino que hacer que se despoje de la túnica, Lo cual yo hago sin dilación (la destapa). Por la carta de crédito que presenta bien veréis que llega dispuesta a servir al amor y no a la guerra. Si en la gloria de su cuerpo os divertís con el más humano juego, no dudo que saldréis tolerantes y comprensivos...».*

El libreto había pasado la censura sin ninguna corrección –aún conservo el ejemplar sellado por ellos– y por lo tanto aproveché para presentar desnuda a la actriz que encarnaba el personaje. Era el primer desnudo que se presentaba al público, al menos en el Teatro de Mérida, y aunque estábamos en una etapa de cierta apertura no las teníamos todas consigo.

Llegado aquel momento, la actriz que hacía el papel se negó a desnudarse. En principio por «pudor», luego si no se le subía el sueldo... Parece que, asesorada por su marido, regidor de teatro, había cambiado de parecer, a pesar de que en su contrato estaba perfectamente especificado: el desnudo era su único cometido ya que ni siquiera hablaba el personaje. Yo no me amilané y solicité llamar al notario «que estuviera de guardia» amenazándola con suspender y hacerla responsable de sus consecuencias, especialmente las económicas. El problema entonces se resolvió.

Antes, en Madrid, cuando la actriz se presentó para el papel me pareció una mujer exuberante y apropiada, por las redondeces del cuerpo que se adivinaban bajo un vestido que, por pudor y un respeto tal vez mal entendido, no le pedí que se quitara, a fin de contemplar su cuerpo. En aquel momento tal petición me parecía degradante para ella y, sin más, le di el papel.

En el momento que se desnudó en el escenario del Teatro Romano, después de la discusión, el alma se me cayó a los pies. Se suponía que presentábamos al público un desnudo perfecto, pero no era así. Los pechos caídos afeaban un cuerpo poco más que aceptable. Mi ingenuidad o pudor habían jugado en mi contra y ya no había remedio. Julia se ofreció a mejorar la apariencia y se compró un aceite corporal con el que se la ungió ayudada por la sastra y otras mujeres. Con unas cintas se le hizo una especie de cruzado mágico que, sin taparla, elevaban un poco sus pechos y, por sus partes más íntimas, con una pajita de las de bebida se le insuflaron unas estrellitas plateadas que colaboraron en dar brillo a su cuerpo. El momento en que se realizaba tal labor no dejaba de tener un cómico patetismo. Y así se estrenó.

Para las representaciones de Madrid procuré que no me sucediera lo mismo y la sustituta cumplió las expectativas. Le expliqué lo que me había pasado anteriormente y enseguida se ofreció a desnudarse completamente. Tenía un bello cuerpo.

En el Teatro María Guerrero. Otro montaje.

Como he dicho, la previsión que sobre el espectáculo había vaticinado Lemos se cumplió y el montaje fue seleccionado para exhibirse en el Teatro Nacional María Guerrero.

Después de haber estado con José Luis Alonso en aquel escenario durante siete años, para mí era todo un premio poder presentar allí la función.

Veníamos de actuar en el inmenso escenario de Mérida y muchas de las cosas válidas para la monumentalidad de aquel espacio no lo eran en este escenario convencional. Había que replantearse prácticamente toda la puesta en escena, pero conservando la esencia con la que había nacido. Decidí que lo mejor era olvidar lo hecho y hacer otro montaje diferente, pero conservando el espíritu. Nieva diseñó con el equipo A.D. –los mismos que habían proyectado máscaras y vestuario– un magnífico decorado, absolutamente abstracto, con un ciclorama que abarcaba toda la escena de caja a caja con un gran dibujo en el que la cabeza de un águila anidaba unos huevos entre los que sobresalía un falo sobre dos inquietantes ojos. Bajo este dibujo, en el centro del foro de ese ciclorama, una abertura circular tapada por una cortina de tiras plateadas, a la que se accedía desde atrás a través de una «caja china» que simulaba un conjunto de nubes, permitía la pomposa salida revisteril del dios Hermes, que en Mérida se hacía a través de las escaleras monumentales de la valva regia.

Nieva había subtitulado la función desde el primer momento *Celebración grotesca sobre Aristófanes* y esa fue siempre nuestra línea de trabajo, convertir el hecho teatral en una fiesta desvergonzada y a veces grotesca. Pretendía que el público se situara anímicamente en un estado lúdico y favorable antes ya de empezar y, como sucedía en la función, el Coro se convirtió en el primer dinamizador en las representaciones en teatro cerrado.

El autor lo había concebido como un Coro de vagos y ello me llevó a situarlos en diferentes puntos del vestíbulo y de la sala en actitudes indolentes En el vestíbulo, uno de los componentes, se balanceaba abúlico sobre una mecedora antigua. A la entrada, al correr las cortinas, los espectadores tenían que pasar sobre una pareja que, sentada en el suelo, jugaba al ajedrez. Otros, estaban tumbados sobre las butacas del patio hasta que los acomodadores se veían obligados a echarlos de allí y avanzaban unas filas, buscando otro sitio en el que «descansar». Al final, todos acababan tumbados sobre el escenario; unos en la corbata, delante del cerrado telón, sobre unas nubes que luego manejarían acompañando el vuelo de Trigeo y, al levantarse el telón, aparecía el resto del Coro en la misma actitud que los de fuera. Todo esto creó un revuelo cómico que captó al espectador.

La célebre grúa de Mérida se transformó en un columpio que descendía del telar –no sin cierto miedo de nuestro querido Carlos Lemos, que tenía que permanecer allí mientras tenía lugar la primera escena–. Nos divertimos con este montaje y, lo que es mejor, conseguimos que se divirtiera el público que nos premió llenando la sala hasta que, a pesar de prorrogar, por necesidades de programación ya anunciada, tuvimos que marcharnos del teatro.

En el Teatro Martín.

Y aquí quiero hacer notar uno de esos misterios que tiene el teatro y que hacen que el éxito o el fracaso sean la mayoría de las veces impredecibles. Acabamos las actuaciones un domingo a lleno diario y, ante el éxito cosechado, decidí pasar al Teatro Martín, que se quedaba libre ese mismo día, pues finalizaban las actuaciones de la compañía de Lindsay Kemp con «Flowers». El teatro estaba «caliente», como solemos decir en el argot teatral, ya que ellos habían estado llenado también a diario. Y aquí viene lo misterioso del caso: pasamos, con el mismo reparto y el mismo montaje, de un teatro en que llenábamos a otro que también había estado poniendo el cartel de «No hay billetes» con otro espectáculo y, al poco, tuvimos que suspender por falta de público. Difícil de entender.

En Gira.

El espectáculo hizo gira y recibió el más caluroso parabién de la crítica y el favor del público.

Antes de estrenar en Madrid, lo habíamos presentado en el Teatro Lope de Vega de Sevilla y me permito reflejar aquí, por su originalidad, el final de la crítica que Martínez de Velasco nos dedicó en el ABC de Sevilla del 20 de octubre de 1977 en su página 43.

*«...llegamos a la conclusión de que esta ver-
sión insólita, abracadabrante, de La Paz
constituye un espectáculo digno de verse y
de reverse, al que en la torera Sevilla le da-
mos la alternativa, con vuelta al ruedo y
corte de orejas y rabo...».*

Programación posterior.

El montaje de *La Paz* se convirtió en un punto de referencia para la compañía, de tal forma que podríamos decir que intentamos que
fuera una pieza de repertorio. En Julio de 1982
se repuso, dentro del marco de Los Veranos
de la Villa, en el Templo de Debod. Este montaje intemporal era capaz, por su originalidad,
de resistir el paso del tiempo y la acogida de
público, y nuevamente la crítica, fue igualmente extraordinaria.

Manuel Canseco.

La Paz. (2024)
Por Rakel Camacho.

> *Cuidemos la paz*
> *Y si es preciso*
> *Finjamos en la tierra un paraíso*
> F. Nieva

Son diversos los motivos que, de manera artística y personal, me han lanzado a llevar a escena *La Paz* de Francisco Nieva. Estos motivos sólo podían alcanzar su destino en el mejor de los escenarios posibles: el Teatro Romano de Mérida.

Francisco Nieva falleció en 2016, y yo miraba el silencio y la ausencia de su teatro como una rancia e incomprensible sensación de injusticia. Nuestro autor no se ha vuelto a llevar a escena hasta el año pasado, cuando decidí idear el placer de dirigir *Coronada y el toro* para el Teatro Español de Madrid. El viaje fue emoción dionisíaca, y, el éxito alcanzado, me susurraba al oído que tenía que seguir llevando a Nieva a los escenarios y materializando su autenticidad poética, escénica, filosófica... La alegría de seguir explorando y renovando la mirada hacia un autor que es absolutamente contemporáneo, me despertó siempre una necesidad de acercar su teatro al público de hoy, hambriento de estímulos en vivo y en directo, sediento de rito, ditirambo, reflexión y bacanal.

Centrada en poner en diálogo el mundo artístico e inabarcable de Nieva con el universo escénico contemporáneo de la directora que soy, (siempre he mirado con asombro la libertad y profundidad del arte clásico), decido aventurarme a poner en comunicación escénica nuestros dos universos y darles vida, abordando la potencia de su continente y de su contenido, como base sustancial del legado vanguardista que Nieva nos propone.

Aristófanes escribió *La Paz* como un acto pacifista en el año 421 a. C., desesperado por la Guerra del Peloponeso, que duró 27 años. Estamos en 2024 y el conflicto Gaza-Israel comenzó en 1948. Haced las cuentas.

Entonces, tenemos que seguir invocando a *La Paz*. Aunque sintamos que todo esfuerzo es en vano, no podemos dejar de pensar que la paz es la mejor de las formas de vida, la más anhelada y por supuesto la más maltratada.

Este proyecto nace del deseo de llamar a la Paz, que tal vez tiene mucho que ver con soñar despierta. Así me lo sugiere la acción de la obra, pues siempre imaginé a un Trigeo somnoliento, recién levantado, que un día se despierta con la decisión de subir al Olimpo a suplicarle a Zeus que pare la Guerra y traiga La Paz, bramando su *alea jacta est* como única opción. Su hazaña es quijotesca y tiene forma de utopía. Realmente bien podría ser un sueño que él cree estar haciendo realidad, si aplicamos una mente lógica.

Como directora del espectáculo, trato de crear un caos ordenado en el todo el trabajo de texto y puesta en escena presenta la guerra como algo ridículo, excesivo, extraño, absurdo, artificial, inventado por la humanidad, con un espacio escénico repleto de montones de mierda que conviven con elementos de construcción, como un claro símbolo de una sociedad «a medias», inacabada… Presentamos la guerra como un monstruo anormal al que desgraciadamente nos acostumbramos. En este sentido, a lo largo de la obra, haremos lo contrario con la instauración de la paz: naturalizar su llegada, que causa una extrañeza al pueblo de Atenas, mientras el espectador puede ver que es lo natural, lo sencillo, lo propio.

Por lo tanto, simbólicamente hablando, partimos de crear fantasía con lo que hoy en día está normalizado (guerra), y normalizamos y naturalizamos, mediante la alegría festiva, lo extraño (paz). Sin duda, esta sería la reflexión que quisiera transmitir al espectador que nos acompañe. Porque esta es una de las tantísimas paradojas que sacude la realidad. En el teatro no podemos sino abordarlo de manera fantástica, siendo Nieva luz y guía de terrenos oscuros.

El disparate, la comedia sardónica, lo inefable, lo sorprendente de *La Paz* de Nieva, hace que el espectador sienta un alivio, aunque no pueda llegar a una conclusión. Si bien parte

Ilustración creada por Francisco Nieva
para el cartel de La Paz (1977).

Fuente: http://www.francisconieva.com/
imagenes/dramaturgia-plastica.html

del referente de Aristófanes, al que admiraba sobremanera como yo admiro a ambos por ser alimento transgresor (entre otras cosas), arma una obra nueva que está muy lejos de ser una versión, como algunos creen. La acción es vertiginosa, tan acorde a la de su Teatro Furioso, y las dosis de surrealismo, lirismo, personajes llevados al extremo, barbaridad y desparpajo, hace que la obra coloque al espectador en una experiencia única. El ensamblaje de todo lo que convive en escena a partir de la palabra todopoderosa de Nieva, será capaz de provocar preguntas tan urgentes como necesarias: ¿qué hacemos para mantener la paz? ¿es posible mantenerla y eliminar el interés y la tracción por la guerra? La obra nos dice que sí, pero hace falta un cuidado extremadamente humano, sostener la pasión y el intelecto firme, como lo hace cada personaje de la obra.

Esta genial obra de arte total, en la que la música, la palabra, la expresividad de los cuerpos, dieciseis cuerpos artaudianos, la risa, la escatología, la utopía, el sueño y el deseo inquebrantable de avanzar como sociedad, llama al pacifismo mediante la mejor de las formas de paz: el hecho artístico.

Personajes

Corifeo
Esclavo 1
Esclavo 2
Esclavo 3
Esclavo 4
Trigeo
Las hijas de Trigeo
Hermes
La Guerra
Tumulto
La Paz
Primavera
Festival
Coro

Primera parte.

CORIFEO   (*Con un megáfono.*) Pueblo de Atenas, aquí
reunidos para solazaros en grande con esta
nueva comedia del bromeador Aristófanes.
Dad comodidad al trasero y chitón, que ya
comienza la maniobra y el bulle bulle del teatro. El Aristo irresistible os ofrece un entresijo
dramático llamado La Paz. ¡Ahí es nada, le-
vantiscos! ¿Sabéis algo de la paz, sabéis algo
de esa comodona ordinaria y buena esposa del
hombre? Nada. ¡Desgraciados, guerreadores,
mala peste! ¿Por qué en lugar del teatro no os
marcháis al cuerno? ¿A qué venís, si no os valen consejos, ni ejemplos, ni distracciones edu-
cativas para sentar la cabeza? ¡Ojalá que os
aburráis como las ostras taciturnas, que sal-
gáis del coliseo como cirios boca abajo y sin
digerir la cena! Pero ¿qué digo? Yo desbarro,
pues no es ese el propósito del Aristófanes
maldito. Ese calvo sin prejuicios, que de puro
viejo es fresco y de tan fresco es eterno, a toda
costa pretende daros gusto. Allá él. Pero os
aviso que la cosa no comienza muy por lo fino.
¿Tenéis pañuelo, algún lienzo moquero, algo
para separaros del asco y del mal olor? Pues
prepararse, inciviles, que este *pasa-malos-tiem-
pos* y divertimiento no comienza con un trueno como las clamorosas tragedias, sino por un

pedo de comedia realista y estercolaria al gusto de hoy. ¿Qué, aún no os llega el relentillo? ¿No miráis aquella artesa donde esos pobres esclavos amasan y redondean en tortazas una materia amarronada? ¿Nada sospecháis? ¡Torpes! ¡Si es fácil adivinanza! Pues, ¡adelante! En este preciso punto comenzará la función a la clara voz de ¡MIERDA!

ESCLAVO 1   Venga, venga pronto otro de esos pastelazos. ¡Maldita sea! Vamos, que hay prisa, que los engulle como pildoritas la mala bestia.

ESCLAVO 2   Se me acaba el material indispensable. La de burro es más compacta y menos desmenuzable. ¡Qué buena mierda! Hasta hoy no descubrí sus virtudes. Más inodora, más dulce, una mierda apetitosa, con perdón de los delicados. Golosina vegetariana y recomendable. Yo digo que a mí, la otra, la churretosa, no me atrae.

ESCLAVO 1   Pues a mí, ninguna, ¡córcholis! Pero el trabajo es trabajo. Date prisa. Aún te quedan palominos, mojoncillos, gallinaza, miles de especias... Con eso y la voluntad me haces nueva torta y bata.

ESCLAVO 2   Tómala. ¿Con tanta velocidad se tragó la otra?

ESCLAVO 1   Visto y no visto. La tomó al peso, la redondeó con gusto, la olfateó con regalo y se la bacineó en el cuerpo, sin más ni más. Allá voy con la presente. (*A la boca del antro.*) ¡Toma, cochambroso, pozo negro; y si te agrada el piropo, sabe que, con toda mi alma, me cisco en tu madre! Se diría que ha sonreído. ¡Ya se la tragó!

ESCLAVO 2   ¡Basureros, más basura, que se me acaba y no hay tregua!

(*Salen otros dos más con grandes espuertas y las vacían en la artesa.*)

ESCLAVO 3   ¡A tu salud!

ESCLAVO 2   Y que no falte. ¡Ay, qué desesperación! Yo desfallezco. Dígame la clase obrera y trabajosa si no hay oficio más duro que este de tratar con mierda, dígame si es de justicia que me pariese mi madre con dos agujeros en la nariz como a un rico. (*A los dos basureros.*) ¿Qué me traéis aquí? Esta mierda vale poco. Le falta cuerpo y apresto. Esto es un asco.

ESCLAVO 3   Pues no hay más requisa. Aquí van deposiciones mayores, apretones, zurrapas varias, estreñimientos, el servicio de una doncella muy fina que nos lo ha dado de limosna y los apuros de un soldadote que iba al relevo de su guardia. ¿De qué te quejas? De añadido, también llevas diarrea canina, evasivas de un filósofo que caga poco y, al final, todo el aparato con cresta de una matrona que nos ha dejado admirados por su buen gusto al inclinarse. ¡Qué dignidad de mujer! Eso es ensuciar con garbo.

Esclavo 1   ¡Aviva, que el bestión se agita y gruñe y pide más!

Esclavo 2   ¡Me rindo! ¡Me asfixio! ¡Tengo un mareo...! Es debilidad, pero nunca se dirá que, como tal pastelero, yo caí en la tentación de robar ni una galleta de las mías.

Esclavo 1   Dame otra bola, gandul.

Esclavo 2   (Al 3.) Relevadme, que no puedo más. Esto es delirio, es locura... ¡Y que en esta indignación ni aun pueda llevarme las manos a la cabeza! ¡Aire, aire!

Esclavo 3   (Al 4.) Ayúdame tú en la obra. Deja que aquel asqueroso se refresque.

Esclavo 4   Ha nacido delicado y mal esclavo. Todo es tener disposición. Porque ya ves, yo, de chico, entre chapuzar los pies en un charco o pisar una mierda, casi prefería lo último. Eso va en gustos.

Esclavo 3   Pero nunca la probaste y, al final de los finales, eso te distingue de aquel bicho. ¡Amasa, amasa!

Esclavo 4   Ya amaso...

(Trabajan.)

(El Esclavo 2 se contorsiona con bascas en un rincón.)

CORIFEO   *(Al público.)* ¿Eh, qué tal? ¿Se vio nunca en el teatro una escena tan gustosa, tan ambrosiana y tan moderna? ¡Nanay! No se diga que en el siglo luminoso de Pericles todos somos marmolistas, que también sabemos jugar con mierda y a mucha honra. El caso es culturizar y hacer un servicio al pueblo con la libertad del arte cómico. ¡Adelante! *(Al* ESCLAVO 1 *que ha vuelto a la boca del antro.)* ¡Eh, tú, di qué ves y aclara al curioso público de qué especie se reclama esa bestia tragonaza, que están confusos. ¿Cómo es?

ESCLAVO 1   Es... carabajo. ¡Puah, qué asco!

CORIFEO   Pero ¿cómo es?

ESCLAVO 1   Para mí es escarabajo y basta, que de mirarlo se me incordia la sangre. Yo nací mozo de cuadra, que ya es nacer poca cosa. Como tal mozo, soy zopenco, palurdo, algo descortés, negado, incapaz y cafre. Pues, si por esto fuera poco, me quieren bajar de rango haciéndome cuidar bestias que no son de mi raza. ¡Escarabajos! ¡Escarabajos gigantes y peloteros! ¡Malaya el amo! Ir por paja, llevar paja, es cosa que algunas damas hacen por gusto. Y más, si es en tiempo de guerra, por aviar y cuidarse de la bestia de su marido. Mas llevar mierda, ir por mierda, me disgusta. Y, sobre todo, por las moscas que me acompañan.

ESCLAVO 3 Y, a todo esto, ¿quién es este meticón de la bocina en mano, que tanto quiere saber y hacer saber, sin intentar de su parte meter la nariz en aquella cuadra?

ESCLAVO 1 ¡Eso es! Di ya tu nombre, extranjero metomentodo.

CORIFEO Pues yo soy el Corifeo y no más. Soy el que apacienta el Coro.

ESCLAVO 2 ¿Esa tropilla de gandules y postineros son el Coro? ¿Pues no es el uso, en las comedias, que ellos se encarguen del comentario chismorreoso y se despeinen y se arrastren, con tal de hacer comprender a los torpes espectadores lo que va pasando, y más, lo que ha de pasar?

CORIFEO Os equivocáis, palurdos. Estos observan y esperan a dar luego su veredicto. Ahora solo a vosotros os toca el dar informe y no impacientar al público, que si se cansa puede que, a pocos instantes que esperéis, ellos terminen por maldecir al autor y por cagarse en vosotros.

ESCLAVO 2 ¿En nosotros? Mucho más nos serviría que lo hiciesen en la artesa. ¡A ver, lleguen espontáneos, álcense los apretados, pues para el trance en que estamos, cualquier zurrapa del público es respetable y se agrade más que el aplauso!

CORIFEO   ¡Acabemos! (*Pinzándole una oreja.*) Declara con pormenores, estúpido, este misterio o te desorejo de un tirón.

ESCLAVO 2   (*Chillando ratonil.*) ¡Ay, ay! ¡Suelta, suelta! Pues allá va: esclavos somos de Trigeo, que Zeus confunda, viñador enriquecido, inocentón y bobales. Si bien, con todo y con eso, es patriota. Pues con mayor bobería, hace tiempo que pasaba con un tanto así de bocaza imprecando al dios, diciendo con destemplanza: «poderoso Zeus, ¿qué haces con la Hélade feliz, permitiendo que estas patrias provinciales no se den paz entre ellas y que a mansalva se machaquen? ¡Haya paz, haya concordia y que termine ya la guerra...!».

ESCLAVO 1   Dice verdad ese asqueado. Y repetía: «Yo he de subir hasta vosotros, dioses, celestes olvidadizos, como mediador. ¡Lo quiero! Yo he de encontrar un arbitrio...».

ESCLAVO 2   Y lo encontró, sí, amigo, lo encontró en esa bestia merdellona y pelotera, grande como un asno y volátil; un monstruo, hijo de la cazcarria del mundo. Y para acá se lo trajo con igual mimo que si fuera el propio caballo Pegaso. ¿No te indigna? Con el aquel de la caca lo tiene engolosinado y manso.

ESCLAVO 1   De palafrenero suyo me ha puesto. ¡Maldita sea...!

Esclavo 2 Y a nosotros de pasteleros. No digamos que la bestia no sea económica, pero sí muy caprichosa en basuras. «No neguéis ningún antojo a mi mosquito», dice el amo. «En el vuelo de sus alas, si lo mimáis, me llevará hasta el Olimpo y, llegado allí, me encararé con Zeus tonante para postrarme a sus pies, pidiéndole que encadene por siempre la guerra fiera y nos libre de tantos males».

Esclavo 1 Está loco, sin duda alguna. Oídle gritar...

Trigeo (Dentro.) ¡Padre Zeus que estás en los cielos, padre sordo, padre tapia, padre con cera en los oídos! ¿Es que no escuchas mis lamentos como los muchos de otros griegos? ¿Qué castigo nos has traído arrebatándonos la Paz? ¡Habla, silencioso!

Esclavo 2 No dirá esta boca es mía. Son muy personales los dioses y muy suyos. Desde que entramos en guerra ya no les rezo.

Corifeo Tú no blasfemes, badulaque, y deja que escuche lo que sigue.

Esclavo 2 Ahora lo dirá al revés, por hacerse el fino y ver si acierta de una vez con el lenguaje de los dioses. El buen palurdo se las quiere dar de trágico.

Trigeo (Dentro.) ¡Silencioso, hablar! Con la Paz arrebatándonos nos has traído ¿qué castigo? ¿No

escuchas los muchos lamentos de otros griegos, como los míos? En los cielos estás. ¡Qué
tapia y qué sordo, ah...! ¡Qué cera, con padre,
en los oídos!

CORIFEO   El tratarle de compadre es familiaridad muy
casera y poco trágica.

LAS HIJAS DE TRIGEO   (*Voz en off.*) ¡Apacíguate y no in-
tentes cabalgar en esa bestia!
—¡Ay, qué desventura de hombre! ¡Ay, qué fu-
ribunda locura!
—¡Ay, qué trastornos de cabeza! ¡No te arrebates, padrecito!

ESCLAVO 1   Son las hijas que se lamentan.

LAS HIJAS DE TRIGEO   (*Voz en off.*) ¡Esclavos, llegad a
tiempo, que se nos levanta en vuelo!
—¡Socorro, que se remonta! ¡Ay, Cielos, qué
tornavueltas, qué vértigos, qué díscolos,
qué epílogos! ¡Ya no hay remedio!

ESCLAVO 3   ¡Acabose! ¡La montó! Ya se nos vuela el in-
sensato. ¡Vedle allá a ese loco ascensorista!

ESCLAVO 4   ¡Ya se salió con la suya! Aquí llega azotando
el aire.

TODOS   ¡Aaah...!

TRIGEO   (*Que aparece montado en el escarabajo volante.*) ¡Vamos raza de Pegaso, noble bestia, no

me derribes! ¡Vamos, molino de viento, no vaciles que me mareo! ¡Salud, presentes!

Esclavo 2   Amo Trigeo, ¡qué gran locura es montar en esa borrical sabandija! ¡Pronto! ¡Apéate del peligro! Mira que a todos nos dejas huérfanos.

Trigeo   Ya no bajo. Este es mi sino. Me largo, me voy al Cielo. Por vosotros, atenienses, me sacrifico en esta heroicidad tan señalada y digna de encomio. Sí, señores, por vosotros, público sentado, me alzo con todo el peligro de desnucarme. Vedme aquí, gente pasiva y de sangre gorda, aguantadores, pachorristas, que no hacéis nada por salvaguardar la Paz y defender el santo garbanzo de cada día.

(Llegan llorando LAS HIJAS DE TRIGEO, *dos mocosas adolescentes.)*

LAS HIJAS DE TRIGEO   ¡Papi, papuchi, papirripuchi...!

Trigeo   Ved y apreciad que, por vosotros, me dejo a estas mocosas de mi alma, mis pobres vástagas sin madre, que por eso andan tan sucias y mal traídas. (*A* LAS HIJAS.) Limpiaros el morro, niñas, y no me lloréis. Haceros mujeres fuertes y, si no vuelvo, burlad a la tentación de caer en putas. Haced honor a vuestro padre, el sacrificado Trigeo. (*A los espectadores.*) ¿No hay en el público quien se las quiera llevar y darles pensión? Son guarras, pero algo tontas y, mediante bofetadas y pellizcos, bien se pueden convertir en honestísimas esposas.

LAS HIJAS DE TRIGEO   ¡Papi, no nos dejes solas, papatoste, papanatas! ¡Papi, no seas papitonto y no te pongas en ridículo!

TRIGEO   ¿Qué ridículo es buscar la felicidad de los griegos, el final de este sinfín de guerras que nos asolan? Al borde de la miseria hemos llegado, a probar con asco el hambre. ¿Y aún tenéis animación para venir al teatro, sabiendo que se avecina tanta escasez, tanto apuro, tanta mengua del tesoro y la bolsa? ¡Insensatos! Allá vosotros si, como veo, estáis dispuestos a perseverar en la lucha que os enfrenta a unos con otros, sin invocar a la Paz y a la concordia fraternal. ¡Zopencos! Pues sabed que de esta altura a la que me voy elevando ya veo llegar, y no muy lejos, una inundación de caspa, una tiniebla de piojos, una tormenta de palos, que os merecéis por mentecatos.

CORIFEO   Aunque llevases razón en algo, guárdate muy bien, Trigeo, de insultar al público, no lo excites, no lo aferoces ni le hagas salir de madre. Mira bien que no son ellos los que te han delegado ni puesto en votos para que subas o que bajes. Piensa que estos atenienses se pican de democráticos y te enseñarán el colmillo si los miras por encima del hombro. Te has elegido a ti mismo y eso es presunción de Narciso.

TRIGEO   Ya es tarde para que me apee de mi burro. Yo me elevo, yo me encaramo y les hago un corte de mangas. Mis buenas razones tengo y, en estas limpias alturas, no veo agujero ni bache por donde pueda meter la pata.

CORIFEO   ¡Miren el fanfarrón! Di, ¿no sería más civil y electoral hacerles la pelotilla por si acaso? ¿No piensas que bastaría que, todos a una, te destapasen sus retretes para que esa sucia bestia que te lleva te precipitase en tierra?

LAS HIJAS DE TRIGEO   ¡Ay, papi, papichón, papichatito, preocúpate de tu familia y no presumas, desconfía del gusarapo que te puede salir traidor!

ESCLAVO 3   ¡Y cómo, si es escarabajo! Escarabaalto sería mejor.

TRIGEO   No me queráis persuadir. Este humilde volador es aquel que más conviene a nuestra pobre economía y tan sencillo mecanismo que se mueve y se mantiene a cagajones de su dueño. ¿Puede pedirse algo mejor? Llévame al cielo vaporoso, maquinaria digestiva, aerocerdo, guarriplano... Llévame al trono de Zeus y no me estorbes la entrevista. ¡Adelante! ¡Sube, sube...!

(Se va elevando.)

ESCLAVO 1   ¡Cielos, cómo se encarama, cómo se aúpa y se desliza entre los túneles del aire! ¡No era engaño, se nos va!

ESCLAVO 2   ¡Ya entra por los chaparrones y la borra de las tormentas; a largos pedos se impulsa y se desahoga veloz!

LAS HIJAS DE TRIGEO   ¡Ay, papón, papapiloto, si vuelves trae un regalo, algo de lo que se estile por allá: una braguita venusina, una peineta de la luna, una aceitera para el cutis de la que se unten las diosas!

(EL CORO, *que hasta ahora había permanecido estático, vuelve hacia el público unos elementos de sencilla tramoya que representan nubes abullonadas. Todos juntos y, aún con el concurso de los* ESCLAVOS, *las mueven en pausado balanceo y en ascendente rotación bajo la máquina. Desaparecen* LAS HIJAS DE TRIGEO, *silban los vientos y se escuchan truenos lejanos. En aquel creciente fragor declama el* CORIFEO.)

CORIFEO   Allá vas, Trigeo valiente y consciente ciudadano; allá vas hombre sencillo y del común. Llega con bien a tu destino, trae para el pueblo sudoroso algún remedio a estos males, el fin de las luchas y las conjuras, la Paz pachorra y bienamada. Levántanos las esperanzas y bájanos los comestibles, que llueva a gusto de todos menos en las fiestas. ¡¿Me oyes?! Haz que bostecen las cárceles y se baile en los cuarteles. En nombre de los presentes yo te lo pido. Y ¡amén!

55

(*Oscuro con fuerte sonar de truenos, violado por el disparo de algunos rayos o chispazos de aterrador efecto. El Coro se protege bajo el escudo de las nubes por él manejadas y se achanta cuanto puede ante el descenso de* Trigeo.)

Trigeo   ¡Lo conseguí! ¡Víctor, víctor! ¡Ya llegué! Gracias a Zeus que ya piso cielo firme. ¡Ah, qué paisaje tan templado, qué buenos aires, qué alfombrino trébol y qué maravilla de porche! Ahí es nada. ¡La casa de dios, la feria de las comodidades! Pero me escama este silencio, es mucha despoblación la de estos contornos. Yo me pensaba encontrar a la bienaventurada familia retozando por aquí de merendilla y baileteo. Pues este silencio tan elegante me achara. Y ahora ¿qué hago?

Corifeo   Llama a esa puerta, timorato. No te apoques y sacude aquella campana.

Trigeo   ¿Por aquí andabas, Corifeo?

Corifeo   ¡A ver qué vida! El Aristófanes me obliga a presenciar y comentar tus andanzas. Con ello no hace sino seguir las reglas de la comedia. Y ahí tienes también al Coro borreguil que no se lame del susto que le producen estas augustas soledades. Mas solo estás, mi buen Trigeo. Nosotros no somos nadie, y ni siquiera nos agruma un sindicato porque somos convencionales.

TRIGEO   No digas más. ¡Pues se está luciendo el Coro!
            Qué gente tan de relleno y tan de poca mon-
            ta. ¿De modo que estoy solito y aquí no me
            asiste nadie? ¡Bueno, pues! Ya me decido a lla-
            mar, aunque me pique la sospecha de que tam-
            bién en el paraíso voy a encontrar gato ence-
            rrado. ¡Ah de los cielos! (*Da dos meneos a la
            campana que suena a destiempo.*) Esta campa-
            na con retraso ya eriza el pelo.

CORIFEO   Es normal. La eternidad se retrasa cuanto
            puede.

TRIGEO   Pues fresco estoy si me ha de costar una eter-
            nidad que me abran.

CORIFEO   Con un poco de eternidad tendrás para rato.
            Otra vez prueba.

TRIGEO   Ya lo hago. (*Vuelve a llamar y esta vez suena a
            destiempo un trueno espantoso que hace oscilar
            la luz del día.*) ¡Ah, qué horror!

            (*Se abre la puerta celeste, tras la que un fuego
            de artificio hace llover lágrimas de bengala y,
            tras el fuego, destaca la juvenil y elegante figu-
            ra de* HERMES, *portero y aposentador de los dio-
            ses. Truena su voz y su ceño es inquietante, de
            fiera cólera.*)

HERMES   ¡Maldito sea el importuno que llama a estas ho-
            ras! ¡Puah...! Aquí me huele a mortal. ¡Ah, qué
            mala peste! ¿Quién es el mastuerzo humano

que se atreve a molestar a Hermes, hijo de Zeus y de Maia?

TRIGEO   No es el padre, que es el hijo. Ya entramos en dificultades.

HERMES   ¿Quien osa incomodar a Hermes en su ministerio augusto de portero del Paraíso?

TRIGEO   (*Aparte.*) ¡Ah, por cierto: ya me había trascordado yo que ese augustísimo padre había destinado al hijo a portero del ministerio! (*Arrodillándose.*) ¡Divino Hermes...!

HERMES   Alza esa cara, que te admire, pestilente mortal. Nunca he visto a nadie tan feo. Porque, en verdad, eres feísimo.

TRIGEO   No estaba yo tan seguro, pero si lo dice un dios... ya es inevitable. Pues sabed, señor, que soy un humilde ciudadano de Atenas que, como bien observáis con vuestros divinos ojos, he debido de ser hecho así, al buen tun-tun.

HERMES   Sin vergüenza has sido hecho. ¡Oh, y qué chato!

TRIGEO   ¿Tanto lo soy? Pues se han de correr muchas leguas en Grecia para darse de narices con alguna nariz griega. Yo soy de allí y testifico.

HERMES   Y esa inmunda bestia ¿qué es? Parece moscón gigante.

TRIGEO   Mi desgraciado vehículo es escarabajo merde-
llón y, como veis, sin vergüenza también.

HERMES   ¡Insolente! ¿Qué te ha incitado a venir en esta
sucia cabalgadura para emporcarme estos sue-
los que solo deben pisar las musas y las gracias? ¿No encontraste nada mejor, alguna abe-
ja doncellil y laboriosa, una cigarra trapecis-
ta, una pintada mariquita...?

TRIGEO   No pensé que una pintada mariquita pudiera
llegar al cielo, pero ahora me convenzo que
tienen vuestra indulgencia, señor.

HERMES   ¡Bellacón, ya me impacientas! Di tu nombre
y qué pretendes.

TRIGEO   Soy el viñador Trigeo y vengo con el empeño
de solicitar audiencia de Zeus, vuestro sobe-
rano padre. No traigo otro pío.

HERMES   Pues tarde piaste, amigo. Aquí no hay nadie.

TRIGEO   ¡Cómo! ¿Qué no hay nadie?

HERMES   Has llegado enhoramala y nos encuentras de
mudanza. Solo me he quedado yo haciendo
guardia a la vajilla platera. Se cuidan mucho
los dioses de sus enseres y aquí tenemos sar-
tenes que valen lo que un imperio. No es cosa
de que alguien llegue y se las tome por el
mango.

TRIGEO   ¡Ay, desgraciado de mí! ¿Que no hay dioses,
              que se han ido? Mas, ¿dónde han ido y por
              qué?

HERMES   ¿Y tú me lo preguntas, bestia? Por despecho y
              por asco hacia los griegos se han ido. Os aban-
              donan, emigran, os burlan, os cabronean por
              lo derecho. No quieren cuentas con vosotros.
              Y listo vas si pretendes sonsacarme dónde se
              encuentren. ¿No entronizasteis a la Guerra,
              no le disteis mano y pie para campar entre
              los pueblos? Pues ahí tenéis a la Guerra y es-
              tas praderiles cimas también le sirven de so-
              porte y es su huéspeda. Por ahí andará esa
              loca dando patadas al aire, que es muy des-
              compuesta. Cuida bien que no te coja des-
              prevenido.

TRIGEO   ¡Aquí la guerra también! ¡Oh, desdicha! ¡Yo,
              que venía por la Paz! Señor, ¿dónde está la
              Paz?

HERMES   ¿La Paz? En ese pozo claustrada se está la po-
              bre, monja en tubo, virtuosa empaquetada y
              recogidísima, comiendo de su paciencia bajo
              un manto de aburrimiento. En ese aprieto de
              tinieblas la habéis puesto y ahí la tenéis olvi-
              dada vosotros, griegos.

TRIGEO   ¡Ah, ya veo! Y también veo sobre el pozo un
              gran cúmulo de piedras mampuestas. ¡Horror,
              horror!

HERMES   Ahí tienes. Ese turrón de guijarros, ese monumento lapidario es cuanto vosotros hacéis, y no más, por salvaguardar la Paz. La tenéis tan protegida que ni puede asomar la oreja.

TRIGEO   (*Muy lamentoso y declamatorio.*) ¡Ay, de nosotros, batallistas griegos, malos hijos de vecino, gente partidaria u oponentes de mil colores! ¿No os duele ver a la Paz en esta estrechez ermitaña y filosófica? ¿No habrá entre cuantos somos animosos voluntarios que se levanten por ella, que la rescaten y defiendan? ¡A mí! ¡Suban espontáneos, vengan a echarme una mano para rescatar la Paz! ¿Nadie se alza? ¡Si seréis mastuerzos...!

HERMES   ¡Ni hablar de ello! Pobres de los que se azarden e intenten poner la mano en estos pedruscos. La Guerra se cuida de ellos y los defenderá a dentelladas. ¡Alerta! Ya me huele que se acerca. Procúrate un burladero porque esa te arrolla. A tu mal sino te dejo, que tengo mucho que hacer por ahí dentro. Y no pidas más favores porque los dioses somos muy tercos. ¡Condiós!

(*Se va* HERMES *muy marchoso y altanero.*)

TRIGEO   Se va diciendo con dios el dios. ¡Pues adiós! ¡Estoy lucido!

EL CORO   (*A la vez o distintamente por voces solas, según los guiones.*)

—¡Ah, desdichado Trigeo y desdichado pueblo griego!

—¡Pobre ensalada de pueblos mal avenidos!

—¡Aquí será Troya y más! ¡Todo se hunde!

—Faltará pan y trabajo, nos comeremos el codo, haremos de nuestros dientes caramelos consoladores.

—¡Así las gastas, familia de uñas, Grecia sin seso!

—No te basta el sol radioso que te cubre, ni tus vergeles ni tus bosques; tú necesitas la camorra y el motín, el chismorreo periodístico del ágora y la gloria de los intrigantes.

—¡Se nos acabó la pitanza y la alegría de las palestras! Debilitados por la fanfarronería, seremos pochos atletas en todas las Olimpiadas. ¡Merecido nos lo tenemos!

TRIGEO   Ya dijeron esta boca es suya los pobres convencionales. Y ya veo que solo para quejarse tienen boca.

CORIFEO   Para lo poco que ganan, este es su oficio. Muy mal pagado va el Coro por donde va. No les exijas otra cosa.

(*Gritos y estruendo dentro.*)

TRIGEO   ¿Qué pasa ahora?

CORIFEO   ¡La hecatombe! Ese fragor que se avecina es la Guerra, a la que sigue el Tumulto, un golfante pajecillo que le acompañaba recogiéndole la falda y rascándole donde le pique. ¡Achantarse, que viene fina!

TRIGEO   ¿Que nadie ha de hacerle cara a esa comadre? Yo no me muevo.

(*Llega* LA GUERRA *con una cabeza gorgónea y una armadura agujereada y quemada, con escudo y lanza en ristre. Grande y larga faldamenta de pingos, que va sacudiendo el* TUMULTO, *acanallado pajecillo con la gorra ladeada y un gran rasgón en la culera por el que enseña los cachetes.*)

LA GUERRA   ¡Cobardes, acaponados, que no queréis enfrentaros con las hembras de coraje! Os da miedo aquel empuje de las mujeres con entraña y desparpajo, de las que se van de calle pisando fuerte y que, al igual que vosotros, saben escupir por el colmillo. ¿Por qué me huís, relamidos, boquirrubiales? ¿Qué malas hechuras tengo para que así os volváis la espalda? ¡Vengan aquí hombres de nervio para enfrentarse conmigo!, fulanazo con desplante y con pelo de jabalí. ¿Qué te parece, Tumultillo? Ni uno solo se adelanta ni destaca.

TUMULTO   Prefieren a las gazmoñas con el pelo de mermelada y llevas una semana en conquistar puñaleros y bravucones que parece no haber quedado ninguno.

LA GUERRA   ¡Pues bueno me he levantado yo para resistir estos desaires! (*Clava en tierra la lanza.*)

Siento que me va subiendo un mal vapor de pecho y un hervidero en la lengua que me van a oír. No saben lo que es la Guerra cuando yo me suelto el pelo y lo desenrollo en el viento. Dime, Tumulto: ¿no será que esté perdiendo mi mala fama y mi gracia de contoneo militar?

TUMULTO   ¡Que no, señora! Marcas el paso de forma que haces ladrar a las piedras y desfilas de tal modo que rindes a las ciudades.

LA GUERRA (*Coqueta, se mira en el reflejante escudo y se descompone unos mechones.*) Puede que lleves razón y lo que falte sea casta en los hombres. Se esquivan los muy bribones. Y es que a mí no me conocen, Tumulto. No saben de mi pasión de mujer, ni de la anchura sentimental de mi pecho. ¡Qué injusticia! Parece que no me hayan visto nunca llorar a mis héroes. Allí donde cae un buen mozo con el cuerpo en deterioro y agonizando, allí estoy yo con los ojos en catarata. Tú habrás oído mis lamentos.

TUMULTO   ¡Y cómo, si no! Haces unos funerales y velatorios de loba celosa...

LA GUERRA Ésas son mis debilidades. ¡Qué quieres, hijo? Para mí los muertos tienen un no sé qué, un gancho, un donaire... Donde se halle un degollado, un colgado, un lardeado de lanzadas, que se quite un vivo cobarde y comiendo gachas. Ya va tiempo que no huelo a matachina y me estoy encocorando. Siento que me da el ataque, el arrebato, el trastorno. Necesito propasarme o no le hago honor a mi nombre. ¡Guerra, Guerra, así me llamo! ¡Yo muerdo, y contamino, yo malogro...! ¿Quién me ataca?

(*Provoca al público.*)

EL CORO   (*En murmullo.*)
—Ella tizna y achicharra,
   agarrota y vapulea.
—Ella centellea y arrasa,
   ella trincha y tocinea
   ella rompe y ella rasga.
—Ella saquea y vapulea,
   truena, trasquila y traspasa.

LA GUERRA   ¿No oyes quejarse?

TUMULTO   Serán clamores del viento, porque con tus grandes voces harás en él agujeros que le duelan.

LA GUERRA   Pues otea por mí, dale un repaso al horizonte, mira a lo lejos, pues tú llegas lejos, Tumulto. Descubre algún contrincante. Tengo los ojos en brasa y tal cólera me enciende que me quedo ciega.

(*Algo en disparte,* TRIGEO *temblequea acuclillado, aunque no se mueve.*)

CORIFEO   ¡Ay, de ti, infeliz Trigeo, sin más arma que tu pacífica voluntad! ¿Tienes miedo?

TRIGEO   Más del que me cabe en el cuerpo. A esa fu-
            ria vertiginosa la mueve la fuerza de mil cu-
            ñadas y tres mil suegras.

TUMULTO   *(Que al otear el horizonte ha descubierto al es-*
            carabajo.) ¡Novedad, Señora mía! Allí veo un
            cucarachón gigante que parece máquina agre-
            siva, artificio de guerra. Pero no... que está
            vivo, y lo demuestra frotándose las patas ce-
            pilludas. Es un manso animal. Pero mátale por
            distraer tus penas.

LA GUERRA   *(Dándole un cachete.)* ¡Guasón, mal pijo, ale-
            voso! ¿Tú aconsejas a la Guerra que pise una
            cucaracha, cuando no hay niño de la escuela
            que no lo haga como deporte?

TUMULTO   ¡Ay, ay! ¡Calla, calla! que allí he descubierto
            más.

LA GUERRA   ¿Qué más?

TUMULTO   ¡Ahí es nada! Una rara patraña, un tembloro-
            so fantoche poco guerrero que nos mira. ¿Ya
            lo descubres? También es un raro bicho. Él no
            nos aparte la vista y aún parece que te sonríe
            si no me equivoco. Querrá pasar por atrevido
            y arrojadizo.

LA GUERRA   ¿Aquello es? Bien lo distingo, pero no parecía
            ni hombre. ¡Oye, tú!, ¿tengo yo monos en la
            cara para que te sonrisueñes de mí? ¡Pues aho-
            ra verás!

TRIGEO   Ella piensa que la desafío y lo mío solo es cerval castañeteo de los dientes.

LA GUERRA   Tumulto, ve y provócalo. Ya sabes: me lo atufas, me lo achuchas y me lo sirves vomitando vinagres.

CORIFEO   *(En tanto que el golfante se va aproximando a* TRIGEO.*)* Escapando de la Guerra diste con ella, Trigeo. ¡Te destruirá, te hará trizas, serás mantecado y estofado!

TUMULTO   *(Encarado con* TRIGEO.*)* Ilustre desconocido, aquella mi dueña pide que se te haga pleitesía. *(Le aplica una patada en el posterior.)* Y perdóname, pues soy el Tumulto urbano y solo me expreso por atropellos. Cuando me siento gentuza soy de lo más cumplimentero. Puedo darte un empujón... *(Va haciendo lo que dice y de este modo lo conduce hasta donde se halla* LA GUERRA *muy preocupada con sus armas.)* ... un codazo, un torniscón de molinillo. Y aún te puedo cruzar la cara, achichonarte el casco de las liendres y poner de zorra a tu madre cuantas veces sea preciso. ¡Camina, bestia, pendejo, camueso, pollino zurdo...!

TRIGEO   *(Muy confundido.)* Se agradece, se agradece; no merezco yo estos halagos. No gastes tanto en etiquetas.

TUMULTO   Aquí lo tienes, señora. Es un collón temeroso y afeminado. No sé qué puedas hacer con este pegote.

LA GUERRA   ¡En guardia!

TRIGEO   ¡Tente, Señora, que yo vengo en son de paz!

LA GUERRA   ¡Cómo! ¿Tienes la desfachatez de presentarte a la Guerra en son de paz? ¡Habrá marica! Anímate y hazme tuya, papanatas. Sabe que en la entrepierna tengo un mortero enfogarado en donde muelo pimentón. ¡Fiebre tengo en el mortero, paroxismo, efervescencia...! ¡Arremete ya o te araño! ¡Mano de mortero quiero o voy a caer en el soponcio!

TRIGEO   Haya una tregua, señora. Yo venero ese mortero tan encendido y enérgico, tan rico en hollín y tizne, con sus sangrientas pepitas y colmillos de tiburón; yo me inclino ante sus gracias, sus novedades y pasatiempos. ¡Que Zeus te honre ese mortero y te lo conserve en salud!

LA GUERRA   No quiero ver ante mí una gallina lisonjera. ¿Dices que tan bien te parezco y no me quieres tomar?

TRIGEO   Señora, los placeres de la Guerra me encandilan, me atraen muchísimo. ¡Qué no daría yo por yacer contigo en pataleta, violentarte caudaloso y fallecer del gustazo...! Pero no puedo.

LA GUERRA ¡Ah, eres capón! Te has quedado sin porreta ni bolsamen y no eres hombre.

TRIGEO Sí, lo soy. Yo no te muestro mis atribuciones y dotes porque es larguísima tarea sacarla a la luz. Pero sabe, Guerra mía, que me privo del morir en ti por tu exclusivo beneficio. Soy delator, traidor, espía y otras lindezas que también te sirven. Yo negocio con el bulo y el hambre y, por no menos que esto, te mantengo en vida y no es poco lo que me debes.

TUMULTO ¡Es un aliado! Respetémoslo.

CORIFEO ¡Oh admiración! ¡Oh, sorpresa! Nuevo y avisado Ulises pareces, mi buen Trigeo. Eso es tener discurso y prudencia. Sigue, que te vas luciendo.

TRIGEO ¿Entiendes al fin? Y si bien, señora, vives de mí, también tú eres mi esperanza de cada día y es por lo que no soporto traiciones a la traición, los crímenes contra el crimen... ¡Ah, eso es un crimen! Sabe que vengo a avisarte que se conjura contra ti en provecho de la Paz, esa indignante bonachona que yace en tierra.

LA GUERRA ¿Cómo dices? ¿Hay quien prefiera en este mundo a esa pastoraza sin garbo, a esa ramilletera tan ñoña? Me dejas helada.

TRIGEO Pues caliéntate y arremete contra ellos, los culpables. En un cuchitril del infierno plutónico, al amparo de Medusa, de la Gorgona y de su espantoso perro de falda llamado el Cerbero, unos inconformes tuyos complotean contra ti. Son unos cuantos de esa chusma filosófica que deshonra a la Grecia, gente que gusta de meditar muy tranquila, comiendo aceitunas y pimplando vino en los banquetes, y a los que en tiempos de paz nadie es capaz de decirle: por ahí te pudras. Mas ahora se les escucha y hacen levantar la oreja con sus consejos. Mira qué agachada traición te vienen haciendo, con qué astucia y regodeo se han acomodado un casinillo en el infierno para no caer en tus sospechas. Di si esto se puede consentir.

LA GUERRA ¡Maldición! ¡Y con la protección alcahueta de Medusa y de Gorgona, esas malas pécoras! ¡Ah, pelanduscas, putañas y mancebonas! ¡Me las pagaréis, burdeleras sin clase, prostibularias de ladilla! Al infierno irá la Guerra y lo pondrá patas arriba.

TRIGEO Y no haya demora. Aquello está muy tranquilo, muy sombrío, con las almas desmayadas y con mucha gota serena.

LA GUERRA Una coronilla de lauro te mereces por esa denuncia, eminente soplón. Pero no hay tiempo. ¡Ya me veo mascando vidas y me encuentro desatada. ¡Vamos, Tumulto, despacha! Prepárame diligente una morcilla mortífera para ese tiñoso perro.

TUMULTO — Una ringlera de tres habrá de ser, porque tiene tres cabezas.

LA GUERRA — Aunque sea una partida de embuchado reventón. No se mire más en detalles. (*Dando un puntapié a* TUMULTO.) ¿Qué esperas, gandul? ¡Oh, infierno, taciturno socavón, conejera de las almas, allí llevaré mi antorcha y te daré animación! (*Clamoreante.*) ¡Teman todos mi venganza y el encono de mi mortero! ¡Sígame la pestilencia, la desolación más lisa; movamos la manivela de las batallas memorables! ¡Que tome nota la Historia, porque hoy sobresalgo yo! ¡Guerra, Guerra, Guerra, Guerraaaa...!

(*Se va disparada, con el paje sacudiéndole la falda en oleadas.*)

CORIFEO — ¡Víctor, víctor, víctor, víctooor...! Discreto Trigeo animoso, diplomático, ¿qué designios te animan, qué tramas, qué sorpresas nos guarda ese cabezón socrático? Alerta estamos, y el Coro convencional te escucha aguantando el flato de su emoción. ¡Habla, habla...!

TRIGEO — Ah, camuesos, ¿no comprendéis lo que preparo? Pues ha llegado la hora, señores griegos. Ya es tiempo de sacar a flote esa lamentada Paz que no tenemos con nosotros. Y ello antes que la Guerra se nos ponga nuevamente de través a la vuelta de su chasco, aunque le concedo tiempo par revolver aquellas zahurdas infernales buscando lo que no hallará. ¡Llegad todos! ¡Adelante, obreros y campesinos, gentes de mar y ultramar, buenas gentes de humor tibio y de corazón sencillo; llegaos con picos y palas, con cadenas y otros aparejos que tengáis por oportunos! ¡Llegad, y todos a una, trabajemos por la Paz, por sacarla de su marmita y honrarla como se le debe!

CORIFEO ¡Bien hablado! ¡Eso es tener buen cacumen! (*Enardecido.*) ¡Adelantad, voluntarios de la Paz y añorantes de su justicia! ¡No os retraséis en ociosas discusiones, no os piquéis unos a otros como de costumbre! ¡Sed todos juntos primero y no quede atrás ninguno! ¡Disponeos al trabajo, aunque antes se haya de loar a Trigeo, nuestro humilde salvador! ¡Loor, loor a Trigeo!

(EL CORO *se precipita y encarama sobre sus hombros a* TRIGEO. *Y así, ellos se irán alejando, aunque* TRIGEO *se torne por veces hacia el público haciendo saludo de mano. Acaso fuera conveniente que se tuviera dispuesto un silletín engalanado y muy transportable.*)

EL CORO (*En tanto que le encasquetan una corona de rosas en la cabeza y lo cargan sobre sus hombros.*)
—¡Salve, salve, oh magnífico,
  oh, democrático y práctico,
  oh, fantástico Trigeo,
  oh, flemático, y oh, cáustico!

¡Mítico, cómico, ínclito,
ático y rápido árbitro!

TRIGEO   ¡Eh, no me soltéis vosotros, los parásitos y en-
            fáticos, que tengo vértigo!

EL CORO   (*Siempre en dirección al fondo.*)
            —¡Heráldico beneplácito
            al longánimo Trigeo,
            al errático filántropo,
            digno de un gran mausoleo
            alzado al mayor pináculo!
            ¡Oh, báscula de justicia,
            muerte de los conciliábulos,
            oh, vencedor de los piélagos,
            salvador de los obstáculos,
            remediador de catástrofes
            y universal sustentáculo!
            ¡Loor, loor a Trigeo!
            ¡Ditirambo, ditirambo!

            (*Al alejarse todos portando a* TRIGEO, *aparece a
            gatas, bajo las piernas del grupo,* TUMULTO, *que
            avanza hacia el público y declama.*)

TUMULTO   Esta malicia tan gárrula me estaba temiendo
            yo. Nos ha burlado ese Trigeo, señora Guerra.
            Y tú vas rompiendo vientos y derecha a los in-
            fiernos como una pazguata despreciable. Aho-
            ra habrás de agradecer que Tumultillo no se
            deje descubrir la culera así como así. Mucho
            me dio a sospechar el Trigeo desde que lo vi

tan modesto y tan zamacuco. ¡Oh, sandia e insensata arrojadiza, corro a avisarte por si es tiempo de que llegues a evitar este desmán pacificador! Quieren quitarnos lo bailado y más: lo que aún habríamos de bailar. ¡Y no será!, aunque Aristófanes lo quiera. Tus personajes, poeta cómico, te han de salir contrahechos e insurgentes más de lo que tú quisieras. Y tú, no te fíes al dramaturgo, manso público, ni te apresures a perdonarnos las faltas, porque hemos de darte Guerra. *(Se va corriendo.)* ¡Guerra, Guerra, Guerra...!

Oscuro.

Segunda parte.

Al comienzo de esta parte se verán las piedras
que cubrían el pozo en vecino montón o algo dis-
persas a su alrededor. Una cuerda se hunde en
su fondo y EL CORO *se presenta estático, en ade-*
mán de tirar, mostrando esfuerzo. Solo han de
entrar en acción al acabar las últimas palabras
del CORIFEO.

CORIFEO   Animosa concurrencia, yo os doy las gracias
más encorvadas por no haberos ido a casa en
el entreacto, descargando tras de vosotros un
buen reguero de desdén por el arte clásico.
¡Ah, culto pueblo, refinada muchedumbre,
suavísima horda! Admirados estamos aquí de
vuestra curiosa atención. Otra vez gracias, y
anudemos el cabo suelto en la historia tan
arriesgada y generosa de este cívico Trigeo,
que Zeus proteja; si es que aún lo quiere pro-
teger. Pues debemos advertir que hay trabajos en este mundo que de un extremo hasta
el otro han de hacerse, en tantos famosos ca-
sos, sin dios ni ayuda. Veámosle dirigiendo
esta esforzada maniobra. Pero no cantemos
victoria, pues aún se puede decir que todavía
está la pelota en el tejado o, peor todavía, en el
pozo. Gran tributo ha de pagarse en forcejeos

y tirones para flotar y poner en rumbo a la Paz,
tan esquivadora y huraña. No hay que pensar
que ella acuda al «mini-mini» de los gatos,
cuando tantos, a su vez, le dijeron «¡zape!»
un día. ¿Adelante, compañeros! ¡Ánimo, pues,
y a la faena!

EL CORO   *(Tirando de la cuerda en hilera.)* ¡Tiii-ra! ¡Tiii-
ra! *(Se detienen.)* ¡Uff...!

TRIGEO   *(Que frente a ellos dirige la maniobra.)* ¡Hol-
ganchones, perezosos, remolones, con esas
pausas y tranquillos nunca le daremos fin a
esta empresa! ¿Os tomáis ahora vosotros por
el Coro gemebundo de la Tragedia? ¿Pensáis
que también todo aquí ha de ser llorar y en-
tregar la lana, apiadaros de los héroes en sentado velatorio? Es muy funesta costumbre y
de lo menos sociable repartirse los papeles
en ocioso gimoteo, en suspirillos y clamores. Estáis mal acostumbrados. Es muy sencillo y manual dejar caer el escudo y la lanza
acordándose de la patria y maldiciendo sus
desdichas. O echarse el velo por la cara y haceros las viudas tordas, lanzando entre un
«¡oh!» y un «¡ay!» una pedorreta ahogada.
¡Andad, insufribles, vamos, no desmayéis... o
me tomará la cólera!

EL CORO   *(Reanudando el esfuerzo.)* ¡Tiii-ra! ¡Tiii-ra! ¡Tiii-
ra! ¡Uff...!

TRIGEO   (*Indignado.*) Este es un coro de estropajo. Véasele de nuevo parado. Ahora pedirán un tentempié, un entredientes o bocadillo.

CORIFEO   Considera, gran Trigeo, lo agotador y enfadoso que es arrastrar con la Paz cuando ella se
          hace la resistente.

TRIGEO   Más resisten en la Guerra ellos. Y la toleran y
          la sufren. Corifeo, llévatelos al aprisco, ponlos a pacer martirio y conformidad a estos corderos asables. ¡Ah, qué triste pandilla! Nunca fueron de mi gusto estos declamatorios y
          redichos del coro. Y más ahora que he sabido
          que todos son convencionales, algo sin padre
          ni madre, como los bichos del vinagre. Di pronto cómo se les pica el amor propio, cómo se
          les punza y apremia, qué política les llena el
          buche, si necesitan dictador o demagogo, que
          me confundo. (*Muy resoluto.*) ¡Dame esa cuerda, gandules, que yo solo he de tirar de la Paz
          y he de servírosla en bandeja! (*Entregan la
          cuerda a* TRIGEO, *y la cuerda tira de su extremo
          y lo arrastra hacia sí.*) ¡Ay, que me arrastra!
          (*EL* CORO *se precipita en su socorro y asen entre todos la cuerda.*) Tomad, cariñosos. ¡Si es
          fácil! Un comunal tironcito basta. Mira qué
          guapos están, Corifeo, tirando de la soguilla,
          qué apuestos y qué cimbreños. Si en detalle
          se les mira, son buenos mozos y briosos. ¿Queréis hacerme la lisonja de tirar si sois servidos

y no es excesiva molestia? Es favor que os deberé hasta la muerte. ¡Y que Zeus os bendiga!

EL CORO   (*Con mayor ánimo.*) ¡Tiii-ra! ¡Tiii-ra! ¡Tiii-ra! ¡Tii-ra...!

TRIGEO   Ya he topado con la clave secreta y tocado en el tilín que mejor suena.

EL CORO   (*Se para.*) ¡Uff...!

TRIGEO   ¡Pues, no!

CORIFEO   Habrás de tener paciencia. Déjales que tomen aliento y, si los tienes convencidos, no te excedas en órdenes ni en carantoñas, que los desgracias.

EL CORO   (*Reanudando.*) ¡Tiii-ra! ¡Tiii-ra! ¡Tiii-ra! ¡Tiii-ra!

TRIGEO   Así va mejor... (*Un trueno. Todos se espantan. Entre nuevos chispazos y retumbaciones se presenta* HERMES *con el mismo talante de cólera que la primera vez.*) ¡Hermes de nuevo! Nos ha venido el dios a ver.

HERMES   ¡Irreverentes, blasfemos...! ¿Cómo puede tolerarse que así ocupéis el palacio Olímpico con esa zamarrería palurda y esa sonrisa de rendija? Pues me alegro de la desenvoltura. No os molestéis en pedir venias ni permisos, sino valga la confianza, la llaneza, el meterse de romería por los cielos opalinos, dejando huellas de pies hasta en el velo de la Aurora. ¿Eres tú, viñador, quien hace bullir a este populacho?

TRIGEO
(*Más bien confuso.*) Yo me arrodillo y me disculpo. Son las bienintencionadas prisas por rescatar a la Paz y colocarla de asiento en la tierra helena.

HERMES
¿Aún vienes con la pejiguera? Eso contraría a los dioses y les pliega el entrecejo. Ellos le han dado hospedaje a la Guerra por justo resentimiento. ¿Qué es de la Guerra? ¿Por dónde vaga esa chiflada?

TRIGEO
Ya no contamos con la huéspeda y, aprovechando su ausencia, nos hemos puesto a la obra sin gastar tiempo en más preámbulos.

HERMES
Así, a lo bestial y barbárico, sin ofrecer un sacrificio ni entonar un paternoster. ¿Piensas que ha de permitir un dios que le pisen los arriates y le chafen las plantaciones de su sagrado unos ateos sin barajuste ni ley divina? ¡No lo consiento! Ahora mismo mando un rayo que te parta, bestia indómita.

TRIGEO
Señor todopoderoso, ponedle un tapón al rayo y guardadlo para más justa ocasión en vuestra armería. Fulminaréis a un inocente.

HERMES   No hay remedio. Le he levantado el seguro y ya lo tienes de camino hecho un río de latigazos. Te veo convertido en menudillo de carbón.

TRIGEO   (*Corriendo alocadamente de un lado a otro.*) ¡Socorro! ¡Por Zeus y su santa esposa! ¡Por Apolo y por Atenea, vuestros divinos hermanos! ¡Y también por Artemisa, que tampoco le va en zaga! ¡Y por Heifastos y por Kronos, vuestro tío, y por Rea, vuestra tía...! ¡Ay, que no me acuerdo de tantos...! ¡Detened ese zurriago o no sabría lo que yo sé y aún quiero comunicaros antes de que a vuestros pies me veáis convertido en chicharrito!

HERMES   (*Solemne, alza el brazo.*) ¡Alto! ¿De qué se trata?

TRIGEO   ¿Y el rayo?

HERMES   Ahí espera sobrecogido, pero en acecho. Y he de recordarte, grosero, que entre tanta invocación divina no me ha entrado por la oreja que me invocases a mí. ¡Qué desatención tan hereje y qué malísima crianza! Vamos, habla de una vez.

TRIGEO   (*Dudoso.*) Pues...

CORIFEO   ¡Ánimo y no te desulises, nuevo Ulises! Encuentra pronto un argumento, picotea en tu sesera, hurga en la urgencia, pon velocidad en la prisa y no te atarugues ahora porque pereces.

TRIGEO   Pues... que una muy lamentable amenaza se
            cierne sobre los dioses nuestros dueños. La
            Luna y ese acalorado del Sol, ese despreciable
            mechero, llevan conduciendo a dos una intri-
            ga muy rastrera contra vosotros en favor de
            los bárbaros, esas gentes de uña sucia, que no
            conocen el baño y se limpian el trasero con
            un trozo de teja...

HERMES   Y eso ¿por qué?

TRIGEO   Porque son unos cochinos, sin más ni más.

HERMES   Digo, ¿por qué la Luna y el Sol se han meti-
            do a conspiradores?

TRIGEO   Por razón de que los helenos sacrificamos a
            vosotros, que tan oficiales sois como dioses
            verdaderos. Entretanto que los bárbaros salu-
            dan con entusiasmo al aburrido desfile de lu-
            nes y soles diarios. ¡Pst...! ¡Sol y Luna! ¡Va-
            lientes dioses! Seguro estoy de que no existen,
            y que si existen valen poco. Por lo mismo, ellos
            quisieran vernos a todo el pleno destrozados,
            fuera de juego y sepultos, a los dioses y a sus
            devotos. Todo por recibir las ofrendas ellos
            solos.

HERMES   ¡Ellos solos! ¡Ah, revolucionarios, gentuza!
            ¿Que no se han de conformar con hacer el ca-
            lendario, sino meterse a mayores y socavar la
            buena fe popular?

TRIGEO   Ahí le duele. Por eso, divino Hermes, vos tan potente y tonante, bien nos podéis tolerar que levantemos a esa resistente de la Paz, que aún se quiere dar a vistas. Incluso echarnos una mano, porque ya vamos con la lengua afuera y nos revienta el corazón del esfuerzo. Ceded. Y si así lo hacéis no habrá fiesta que os quede sin dedicar. Todas, todas para Hermes: el Primero de Mayo, el Carnaval, las Bacanales, Las Agonales, las Domingadas, Gigantes y Cabezudos... Y en los objetos del culto, ya veréis qué despilfarro. ¡Qué patenas, qué casullas, qué paramentos, qué refinadas labores en oro y plata...!

HERMES   Te aprovechas, malicioso, de lo mucho que a los dioses nos atrae la orfebrería.

TRIGEO   Es justicia. Todo lo merecéis vos por milagroso y remediante. ¡Oh, medicina universal! ¡Oh, panacea! ¿Que no es posible acordaros de aquel famoso catarro que me curasteis sin receta medicamentosa y vomitóica, sino así, como de paso, como quien no quiere la cosa?

HERMES   No. Pues no me acuerdo. Esas minucias los dioses las hacemos sin querer, amontonadas y al por mayor.

TRIGEO   A la buena de dios, ya entiendo. Pues no solo aquel catarro, sino un dolor de riñones que me hacía cojear muy basculante. No hice sino encomendarme a Hermes y me levanté alocado como un saltimbanqui.

HERMES   ¿También eso? Cuenta que pudiera ser suges-
          tión.

EL CORO   (*Muy suplicante.*)
          ¡Oh, sagrado Hermes, tutor generoso,
          oh, remedio y cura de los miserables,
          vos remediáis pasmos, raquitis y bocios,
          lacras y gangrenas, pelos y señales,
          paroxismos, pulgas, flujos y diviesos,
          podagras, lumbagos, tabardillos, tifus,
          fiebres delirantes, costras picajosas,
          humos flatulentos, cólicos mordientes,
          lengua estropajosa, lombrices y chancros...

HERMES   ¡Basta, basta, basta! Mucho me horroriza ser
          dios y botica al mismo tiempo. Esa lista de mi-
          serias tan legañosas es por demás estomagan-
          te. ¡Oh, y qué lengua de letrina tienen estos
          humanos tan deslucidos y mal compuestos!
          Y si, por demás, la Paz se les burla y esconde,
          van listos. (*Tras un segundo de reflexión.*) ¡Sea,
          pues! Sacadla a flote y dejadme de tabarreras.

CORIFEO   De nuevo has vencido, ínclito Trigeo,
          débate la Grecia su honor y su dicha.
          Tu mente cazurra nos guía y conduce.
          ¡Oh, qué competencia, qué tino y qué maña!

TRIGEO   ¿Queda, pues, otra cosa, sino que toméis vos
          mismo el mando de las operaciones? Con esa
          tutela no habrá modo de marrar el golpe. No
          os tardéis, que corre prisa.

HERMES   Pues aguardad un momento, que me recoja en oración.

TRIGEO   ¡Oh, gloria! ¡Cuánto consuela y edifica ver a los dioses tan devotos de sí mismos! ¡Qué buen ejemplo! Aprended, monteses y salvajunos.

HERMES   Recojámonos con unción: ¡justas potencias, en conjunta rogativa os suplicamos que la presente jornada abra para cuantos griegos son, y en la familiar compañía de sus dioses, una era de felicidades innúmeras, y que todo aquel que agarre la cuerda con todo su corazón jamás se vea en el aprieto de tomar en ristre la lanza.

TRIGEO   A punto. Y que se pase el restante de su vida al lado de su parienta, atizándole de firme en el hornillo femenil para que le colme la casa de chiquirrines.

HERMES   Y si alguno quiere nombrarse dueño del mando, haciendo de la comunidad su sayo en nuevas guerras...

TRIGEO   Que se le corte la lanza y le rebanen la pareja de caporales.

HERMES   ¡Amén! Tirad de esa soga, atrevidos mozallones, que yo Hermes, hijo de Zeus, os insuflo nueva infatigable fuerza. ¡Adelante!

EL CORO   (*Muy animoso.*) ¡Tiii-ra! ¡Tiii-ra! ¡Tiii-ra! ¡Tiii-ra! ¡Oooh...! (*Tal exclamación del* CORO *se justifica por haber visto aparece a boca de pozo una figura corpulenta cubierta por un velo gris manchoso.)*

CORIFEO　¡Ya apareció la divina! ¡Hela aquí!

TRIGEO　*(Cauteloso y observando.)* Ese aspecto de viudez no me encandila demasiado.

HERMES　No te desanimes. Descubre a esa estatua viva y ella mostrará esplendores que no sospechas. Ya es tuya.

TRIGEO　*(Que tira del velo.)* Con tu licencia gentil, verecunda señora mía, yo te desentelaraño y te pongo al día. *(Descubre a la gruesa y pacífica damona, muy arrubiada y colorida, adornada de guirnaldas, aunque haciendo con enfurruñado gesto muy abstraído una interminable labor de lana, una tira que se pierde en los profundos.)* ¡Oh, qué oronda! ¡Qué rubicundez carnosa, cuanto sosiego y pachorra demuestra esa tu figura monumental! Díganse esos pestañosos ojazos conceder una mirada a este fiel adorador que acaba de rescatarte. *(Un tiempo.)* Pues la encuentro muy desabrida... Me defrauda.

HERMES　¿Y qué pretendes? ¿Que te salga de la cárcel bailando la jiga? Después de esas estrecheces tiene que salir aspérrima, disgustada, adobada en pesimismo... La tenéis harta. Levantadle ese desagrado con elogios y cortesías. Ponedla en carro de triunfo, dedicadle Juegos

Florales, dadle un poquito de coba a esa infeliz desairada.

CORIFEO   No es de extrañar, pueblo griego, que ella os tenga en ojeriza. Mucha razón lleva el dios. Hay que alabarla, incensarla, alegrarle esas chichotas. ¿No la veis reconcomida y haciendo punto y retícula de lana como soltera en ventanillo? Paseadla y que se luzca. Que le dé el fresco. ¿Qué esperamos?

TRIGEO   ¡Pues venga el carro! (A LA PAZ.) Arrellana tus facultativas nalgas en este trono, alimenticia señora, generosa, virtuosa, alegrón de las mañanas, señora del buen reposo, mujerona del consuelo... ¡Cortejo! ¡Fausto cortejo! (Con algo de mala gana LA PAZ se instala en el carro y todos tiran, TRIGEO en cabeza.) Mírame, ya ves que soy el primero en uncirme y arrastrarte al triunfo. (Detiene el carro y observa de nuevo.) ¡Nada que hacer! No dice mus esta matrona. Y, además, pesa que da gusto.

HERMES   ¡Qué impaciencia la tuya! Se debe dar tiempo al tiempo, que se apacigüe la Paz. ¿No observáis que ya musita algo entre dientes? Hasta mí llega su mensaje.

TRIGEO   ¿Y qué dice?

HERMES   Pues, si no lo tomáis a ofensa, dice su profundo hastío hacia los griegos y que os tiene muy atravesados en la garganta. Me lo temía.

TRIGEO   Pues sigue refunfuñando. ¿Qué más dice?

HERMES   Que tenía un novio desertor y se acongoja de no verlo entre vosotros.

TRIGEO   ¿No se pasa de pacífica esta Paz? Una duda me atenaza: ¿tendrá fuerza defensiva en esas carnes planturosas?

HERMES   Sí, porque ello cae de su peso y donde esta sienta el costal es muy difícil levantarla. Mirad cómo ya de confianza se sonríe de solapa. Quiere que os pese la broma.

TRIGEO   Pesa, pesa. Así nos costaba sudores trajinar con ella.

CORIFEO   Visto está que sin trabajo no hay quien cargue con la Paz. Mas alegrémonos, griegos, porque esa sonrisa de mieles es gran consuelo. Y aquí está, tan afanosa, predicando con su ejemplo, sin rematar esa labor de bufanda que abrigue al mundo.

TRIGEO   Buena mujer de su casa. Un modelo de silencio productivo, un estuche de virtudes, un dechado, un premio gordo. Se ha de pasar mi cuerpo antes de hacerle algún reproche. ¡Viva por siempre la Paz!

EL CORO   ¡Viva la Paz!

TUMULTO   (*A lo lejos.*) ¡Guerra! ¡Guerraaa...! (*Gran so-
           bresalto en todos.*)

CORIFEO   ¡Oh, peligro! Aún no habíamos terminado de
           poner en candelero a esta florida matrona y
           ya se ciernen serios peligros que la amenazan,
           y tanto a ella como a nosotros. La Guerra vuel-
           ve a toda prisa, precedida por el tumultuario
           sobresalto. Vedla llegar batidora de una gran
           nube de polvo, levantando chispazos de pe-
           dernal y dejando atrás su sombra.

TRIGEO   ¡Miserables de nosotros! No descansa esa mala
           arpía y nos va a brear...

EL CORO   (*Alocado y a los pies del dios.*) ¡Piedad, pode-
           roso Hermes! ¡Detenla, frena su celo! ¡Ved-
           nos perdidos otra vez!

LA GUERRA
/TUMULTO   (*Más cerca.*) ¡Guerra! ¡Guerraaa...!

TRIGEO   Nos arrolla la maldita. ¿Cómo hacer? (*A LA
           PAZ.*) Y tú, tranquilona, ¿por qué no te armas
           contra ella? Muy confianzuda te veo. Inalte-
           rada, esperando tu sacrificio como una Ifige-
           nia corderil. ¡Levanta el genio, cachazuda, y
           tira ese par de agujas!

           (EL CORO *inicia una desbandada.*)

HERMES   ¿Eso aconseja a la Paz? ¿La Paz armada? Tú
           la confundes. Aquietaros todos, pues basta

verla sentada con esa solemnidad para saber que es inviolable si la tenéis de vuestra parte. Ni un dardo puede alcanzar a esta gentil animosa. Su coraza es el optimismo paciente y conserva un arsenal de paciencia y buena correa que os habrá de sorprender. La Guerra será impotente contra su amurallado pechazo. Gozaros del espectáculo sin más temores.

(Entra Tumulto *arrojando contra todos la semilla que lleva en un esportillo.)*

Tumulto   ¡Alharaca, movilización, desatino, barricadas...! ¡Que llega la Guerra, mi ama!

Trigeo   ¡Ya apareció el chulo! ¿Qué nos arroja de esa cesta?

Hermes   ¡Quietos! Va sembrando el pánico.

Trigeo   *(Que toma un trozo.)* ¿Esto es el pánico? Parecen chufas. Pues no las pruebo. *(Lo tira.)*

(Entra la Guerra *más endiablada que nunca.)*

La Guerra   ¡Collonazos, mentirosos!, ¿así pensáis que se burla a la Guerra? ¡Hermes, traidor, divinidad de pacotilla, dios renegado y burlón! ¿Merezco yo esta inocentada? Tú, que hasta hace poco tiempo me fuiste tan partidario y daba gusto encontrarte hecho un mozo pendenciero y atizador de la Guerra, ¿qué ofrendas o qué agasajos te hacen ahora estos humanos para que así me des la espalda? ¿Por qué no me atizas?

HERMES   Calla, locatis. Merecías que te atizasen, pero he decidido por hoy que tengamos la fiesta en paz.

LA GUERRA   ¿Y por eso has permitido que rescaten de aquel pozo a esta pastorela embobada para compararla conmigo? ¡Conmigo, que soy reina de la trapatiesta, mujer de buenos arranques y tacos fuertes!

HERMES   ¡Contestona, pelazga! ¿Te parece protocolario armar esta escandalera en la mansión de los dioses, que tanto te protegieron otras veces? Espera con paciencia otro turno. Estás sin tino. Resígnate. Vete y perdona por dios.

LA GUERRA   ¿Pues no me dice que perdone? ¿Qué perdones dispenso yo, si nací condenatoria y sumarísima? Pídeme zurriago y represión, marchas marchosas y desfiles de seis en fondo: pídeme cisco y jarana, que yo soy de las garbosas y no como otras (por LA PAZ), tan hogareñas y conformes. Ahí la tenéis paciendo lo cotidiano como vaca sin elegancia. ¿Quién intenta comparar sus hechuras con las mías? No tenéis gusto. Tumulto, continúa sembrando el pánico y ponles los pelos de punta.

TUMULTO   (*Mientras arroja puñados con saña.*) Hago lo que puedo, mi ama, pero esta semilla no prende. Debe estar húmeda. Veo que por este año se nos ha perdido el grano.

LA GUERRA ¡Maldición! ¿Y de qué me mantengo yo? ¡Yo, la alegría del regimiento!

TRIGEO Pues te amoldarás al régimen. No tendrás otro remedio.

LA GUERRA Tú, traidor de los traidores, me has puesto en quiebra; tú me has traído el desprestigio entre los hombres, mis amantes de corazón. (*Retadora.*) ¿Pero no hay un tío en el público, un tío de pelo en pecho que se levante por mi honra? ¿No me sale un guerrillero, un belicoso, un insurrecto que me ampare? ¡Lebrones! Siembra el pánico entre el público, Tumulto, a ver si prende mejor, comunícales que hay fuego, inundación, apocalipsis... ¡que se vayan como gallinas apresuradas! ¡No quiero verlos!

TRIGEO (*Que se deja caer al suelo.*) ¡Ay!, mi ama, ya no puedo más. Es demasiado el ajetreo. Ir del cielo a los infiernos, con ida y vuelta y a pie, siempre merma facultades.

LA GUERRA ¿Que también tú me abandonas? ¿Me rompes filas? ¡Miseria! ¿No es motivo suficiente para caer fulminada del sofocón? ¡Ay, qué disgusto!

CORIFEO ¡Me alegro! Ya va vencida, minada, a punto de reventar con un armisticio en el cuerpo. Por esta vez no habrá Guerra. La Paz no cede.

La Guerra (*Haciendo un agresivo rodeo a* la Paz.) ¡Miren
la pava, la que nunca rompió un plato...! ¿Por
qué no contestas, di? ¡Hipócrita, modestera,
tonto será quien se fíe de ti, pendón carnoso!
Con Paz llevan los cornudos sus cuernos y
con Paz se hacen las paces que son peores que
la Guerra; en Paz roba el usurero y el rico se
hace ricachón. Y tú, cachigorda, lo consien-
tes con tu sonrisa gazapona.

Trigeo ¡Alto ahí! No la desprestigies tan recién salida del pozo. Ya la sabremos juntar con los mejores consejeros.

La Guerra ¡Presunciones! Esta tripuda da su mano a los
peores intrigantes. ¡Si lo sabré yo! Adiposa,
¿por qué no bajas al ruedo a tomarme el pul-
so, di? Menéate, deja a un lado tu hipocrito-
na labor de beneficencia y ven a medir esos
solomillos con la fuerza de mi brazo. ¿No res-
pondes? ¿No me retas? ¡Ay, que me arrebata
la sangre, me hace perder la cabeza esta Ro-
bustiana! ¿Por qué habré sido tan cándida y me
habré ausentado yo? ¿No es para darse de bofetadas y arañarse el rostro? ¡Ay, que me privo!

(*Se araña y abofetea.*)

Corifeo ¡Helo aquí! ¿No es espectáculo gustoso ver a
esta Guerra feroz atizándose a sí misma?

Trigeo ¡Socorredla, que se extenúa en vanas opera-
ciones! (*A su lado.*) Ama mía, vuelve en ti, que

no te coja un armisticio. Y si luego estos bandidos te sangran con una amnistía, paralítica te veo para el resto de tus años.

LA GUERRA (*En delirio histérico.*) ¡Ay, que me ha vencido esa cebona! ¡En qué ridículo me ha puesto! ¡Esa Paz perifollona me ha dado muerte, esa Paz me ha perforado! Yo entrego el cuajo, ¡ay, de mí! (*Se desmaya en los brazos de* TUMULTO.)

HERMES Este ha sido su acabose. Ahora llevadla a algún reposorio y que allí duerma la berrenchina.

TRIGEO Y que no vuelva en sus sentidos mientras yo viva. (*Unos cuantos del* CORO, *seguidos por el afligido* TUMULTO, *se la llevan en volandas.*) ¡Tiradla por el barranco con la mayor delicadeza, no se despierte!

CORIFEO Admirable es el poder de la Paz. Nunca se vio una batalla reñida con tanto sosiego y ganada con tal modestia por su parte. A esta matrona se le debe dar asilo perpetuo en el estado y vivir colgados de sus pechos el resto de nuestra existencia.

EL CORO (*Con solemnidad declamante y en orden a las circunstancias.*)
Pudo la Paz vencer la miserable
Guerra que dominó a la triste Grecia.
Privada en sus sentidos esa necia
dormirá su cogorza de culpable.

CORIFEO

Cuidemos de la Paz y, si es preciso,
finjámosle en la tierra un paraíso.

EL CORO

No la piquemos de importunas quejas,
que no llegue a sus gracias esa pulga
que la habrá de minar, mientras divulga
un general disgusto en sus mollejas.

CORIFEO

No se busque la pulga esa galante
y del baile se entregue jadeante.

EL CORO

Quede la Grecia en mármol, en perfiles
de azul remoto, entre mitos claros.
Y los ojos de Atenas serán faros
que piloten a muchos zascandiles.

CORIFEO

Y a su aire de dorados abejones
mamaremos la ciencia en biberones.

HERMES

(Enmarcado en su pórtico y en son de despedida.)
Vuelve a tu patria, Trigeo,
y llévale con presteza
de la Paz esta rareza,
remedio a su gimoteo.
Y en premio de tu paseo,
aún mira dentro del pozo
y en él hallarás un trozo
que te habrá de dar solaz
del séquito de la Paz
que allí dejaste olvidado.
Para ti las ha criado
Zeus en ese calabozo,

en ese negro albañal.
Dos ninfas son: Primavera,
que te entrega en marital
compromiso, es la primera.
La segunda es Festival,
y al venerable Consejo
del Gobierno se la entrega
para soportar la brega
de administrar con despejo.
Nunca meará como un viejo
si come de este frutal.
Me voy para mis adentros,
los dioses, ya os son propicios,
perdonad sus bellos vicios,
resultas de sus encuentros
en los difíciles centros
de lo divino y lo humano.
Hermes, travieso y banal,
es noción inmaterial,
es oscuro y meridiano,
pero el vuelo de su mano
hace la vida triunfal.

(*Se va* HERMES.)

TRIGEO   Qué pertinente despedida y qué lengua de seguidilla ha demostrado tener ese benéfico Hermes. ¡Gran muchacho! Pero... ¿dónde están esas prometidas ninfas fontanales y poceras que él decía? ¡Ah, dicha! Ya se asoman al brocal... (*El fondo del pozo se anima de una temblante luz rosada cada vez más intensa, y de él suben Primavera y Festival —rubia y morena de belleza olímpica— con sendas canastillas, arrojando pétalos de rosa en actitudes estatuarias y de postal con mano de color.)* No era pequeño el olvido. ¡Qué dos pichonas! Y pensar que una ha de ser mía... Ya me aletea el pichoncito y me levanta los ropajes. *(Dándose un manotazo.)* ¡Achanta el pico, retozón! Decidme: ¿cuál de las dos mozamieles se apellida Festival de la Asamblea? *(La morena adopta una nueva «pose» significativa.)* Es la morena. ¡Afortunada es la Asamblea! A la nave del estado le va a crecer el timón de manera ingobernable. Pero la rubia es mi esposa y parece que los dioses me han querido servir mejor. Se me derrite el espinazo. Llegad aquí, azucenas empalables, siemprevivas, gladiolonas... Nadie negará en verdad que sois flores del paraíso. Miren todos qué pedúnculos, qué corolas, qué pinocheras y pistilos. Yo me pongo de amapola cuando las miro y me florece el alhelí; me asoma el botón de rosa y se me alegran las campanillas. *(Las dos ninfas se le acostan y lo rozan muy cariñosas.)* Yo me azaleo con ellas y antes de llegar a la tierra rompo el brote y las geráneo.

CORIFEO   No te arrebates. Trigeo, que te haces color violeta y, si se toma un mareo, te puedes crisantemar.

TRIGEO   No se ha de perder el tiempo. ¿Dónde está mi pelotero? Tomemos entre los tres mi sabandija de retorno.

CORIFEO   Ya no está. Voló hacia el trono de Zeus.

TRIGEO   ¿Qué me cuentas, Corifeo?, ¿que hemos perdido al coleóptero?

CORIFEO   ¿Y qué importa? Estas ingrávidas ninfas del Olimpo te bajarán en volandas y te plantarán en tierra como un nabo libidinoso.

TRIGEO   Si es como un nabo, transijo. Dadme los brazos, begonias, y regresemos a mis lares. Colgado en vuestro perfume quiero chapuzarme en capas de cielo, cruzar entre borreguillos de nube, finos vapores de lluvia y soplillos tempestuosos. ¡A mí la gloria del vuelo y el tobogán de las estrellas desmayantes! ¡Adelante, vamos, vamos...! (*Se llega* EL CORO *con sus nubes figuradas y rodean a los tres en armoniosa rotación. Vuelven a sonar los vientos y la luz hace infinitos guiños de efecto. Así salen todos en una triunfal desbandada.*)

CORIFEO   ¡Buen retorno, venturoso! Pero, entretanto que ellos llegan y mientras los atrezzistas del teatro ordenan los cachivaches de la comedia y preparan la siguiente escena, aprovecharé esta pausa para investirme de Aristófanes, cambiando por la suya mi máscara, ya que me obliga a interpretar, con su habitual desvergüenza y carencia de humildad, un osado panegírico de sí mismo. ¿Se ha visto mayor extravagancia? Es autor, como ninguno, indómito y desarreglado. Pero yo, su Corifeo, solo puedo obedecerle como el eslavo a su patrón. (*Vuélvese de espaldas el* CORIFEO *y cambia su máscara por la del supuesto Aristófanes. Al mostrarse de nuevo habrá de cambiar ostensiblemente el talante y la voz.*) Ganas tenía de intervenir en mi propia comedia y darme de cara con los amigos y enemigos de mi teatro. Esta interrupción inoportuna es extravagancia cómica de la que no me quiero privar. Aquí me tenéis: soy Aristófanes, autor de tan abrumadora fama que ya vuela por encima del aplauso y del tomatazo. Soy incontinente y sincero y me pico de decirle cuatro verdades de peso al mismo lucero del alba. Y sin más cuidados te digo, amasado público, que tienes sin duda alguna una cabeza de chorlito y de seguro has olvidado que soy el padre legítimo del teatro cómico, a la par que insigne poeta. Así, para hacerme justicia y avivar la irritación de todos mis seguidores, yo me corono a mí mismo con esta láurea diadema y que rabien los envidiosos. (*Se saca una corona de laurel y se la encasqueta.*) ¿A ver, quién es el asno salvaje que se atreve a silbarme a mí? Autoridades verecundas, castas matronas, jovenzuelos exterminadores de la tradición; los desaforados, los estrechos y los de medio pelo pardo, ¿qué me tenéis que reprochar? Atreveros, si sois valientes. Yo he metido en mi caldero y mezclado con inspirado cucharón novedades que no envejecen y que siempre serán las mismas. Para que el futuro lo vea, yo enarbolo el numen poético y la fálica porreta de Priapo, con los que declaro mi

reto a la asustadiza censura dirigente y minis-
tra de la conciencia pública. Mi crítica sin ba-
rreras, unas veces va vestida de vulgaridad y
otras veces va cubierta por el fulgurante po-
len inmarchitable de la delirante poesía. El sai-
netón, la revista, el respetable teatrucho de las
ferias en descampado, son medallas que me
adjudico. Y también la gracia escéptica del
elegante Alcibíades, el seductor y pellizca-
do amiguete de aquel embrollón de Sócrates. Yo moralizo y desbarro con humanidad
paradójica. Y, en fin, seguro estoy de repre-
sentar al hombre en su libertad social que, no
sin dificultades, ha hecho posible mi patria,
la tierra helena, por la que yo he de batirme
con ayuda de la palabra hasta que el fin de los
tiempos haga de todos nosotros unos rumian-
tes sin distinción. Y me voy por dejar paso a
las últimas escenas de la comedia que este
día os ofrece mi ingenio. Y no me importa un
pepino que me aplaudáis en el mutis, pues
me recojo al Parnaso a emborracharme feliz
con un vino inacabable y a entretenerme las
muelas y el paladar con las pasas del pasado
que no se borra. Si al término de la pieza pensáis que os ha divertido, no reclaméis mi pre-
sencia de nuevo ni esperéis que yo pronun-
cie frasecitas de rigor y de reconocimiento.
Ya solté cuanto mi buche almacenaba y ¡ahí
queda eso!

(*Se va el* Corifeo *con una cabriola.*)

Las Hijas de Trigeo   (*Que entran corriendo.*) ¡Ay, des-
graciadas huérfanas! ¡Que nos violan esos
mastuerzos!
—Así funcionan las casas sin la autoridad de
un padre. Los esclavos se hacen dueños y
no reparan en clases.
—Y aún parece que les gustamos más por ser
tontas.
—Pues ya ves, hermana mía, que no hay ton-
ta en este mundo que tenga el gorgojo seguro. ¡Corre, corre...!
—Ya no puedo más. No sé si al fin me muero
de cansancio o me rinde la curiosidad.

Esclavo 1   ¡Cu-cu! ¿No quieren jugar ahora, señoritas de
remilgo, al juego de la llave y la cerradura?

Las Hijas de Trigeo   ¡Nooo...!

Esclavo 2   ¡Cu-cu! ¿Ni al tira y afloja...? ¿Ni al sopla que
encendido te lo doy?

Las Hijas de Trigeo   No, porque estamos de luto. Largaos, mezquinos. ¿Por qué habéis de perse-
guir a unas desoladas huérfanas?
—¿Este consuelo nos dais? ¡Queremos padre!

Esclavo 1   ¿Pues qué intentamos nosotros, sino daros
todo el padre de que habéis necesidad? ¡Padre y más padre! (*Al* Esclavo 2.) ¿Verdad, tú?

Esclavo 2   ¿Queréis un padre modorro o lo queréis rigu-
roso? ¿Lo queréis consolador o con el garrote

enhiesto? (*Al* ESCLAVO 1.) Vamos a ellas, compañero, ¿qué esperamos?

LAS HIJAS DE TRIGEO   (*La una a la otra, en aparte.*) ¿Y si a pesar de ser huérfanas siguiéramos siendo tontas y que todo se pasase como si no pasara nada?
—Pues, ¡así sea! Yo no me quiero enterar. Y si ellos quieren violarnos mientras saltamos a la comba, nosotras salvamos nuestra inocencia y, a la vez, se calmarán esos cimarrones.
—(*Arrodilladas y al unísono.*) Santa y castísima Diana, en honor a tu virtud, nos entregamos aleladas y tan solo de jugarreta para no perder como listas el primor de nuestra infancia.
—¡Llegad, esclavos!

ESCLAVO 1   ¡Cosa hecha! Dos tontilocas entrelazadas hacen una sola cuerda.

ESCLAVO 2   ¡Ay, maldición! ¡Que ya es tarde! ¡Aquí nos vuelve Trigeo! ¡No nos acuséis, amitas!

LAS HIJAS DE TRIGEO   Tan flaca es nuestra memoria, que tan solo nos acordamos de que somos desmemoriadas. (*Corren hacia* TRIGEO *haciéndole fiestas.*) ¡Padre, padre...!

ESCLAVO 1   ¡Oh, amo Trigeo, del cielo vuelves glorioso y con el nimbo de los dioses! ¿Quiénes son esas beldades? No parecen de ese mundo.

TRIGEO   Ni lo son. Estas damiselas gentiles, hechas de carne simbólica, pero palpable, son particulares ciudadanas del Olimpo. No sé si ondinas o sílfides o una mezcla de las dos cosas. Aquí se llegan conmigo y hay que darles acomodo.

LAS HIJAS DE TRIGEO   *(Con despecho.)* ¡Oxte, oxte, no queremos extranjeras!

TRIGEO   ¡Más respeto, garrapatas! O soy yo quien os expulsa y desanida de esta casa.

ESCLAVO 2   ¡Qué buen tufo perfumador traen consigo!

TRIGEO   Son fililíes y perfecciones que le suben del pebetero.

ESCLAVO 2   Esto es prodigio de pasmo, cosa no vista y de órdago. Ya eres semidiós, Trigeo. Ya te veo de realce en un friso con la calva policromada.

ESCLAVO 1   Cuenta qué has visto.

TRIGEO   Prodigios, quimeras, sobrecogimientos, antojos, troches y moches. No se puede resumir. Ahora que tenemos paz contaremos esos embustes al lado del fuego cada noche. ¡Y qué ruin y pequeñito parecía todo este público desde aquellas altitudes! *(A los espectadores.)* Se diría que erais no más que un puñado de chinches. Eso sí, vistos de cerca, ya tenéis todo el aspecto de unos perfectos canallas. *(Se vuelve y da unas palmadas de impaciencia.)* Pero,

¡aligerad, esclavos! Al vuelo hay que preparar la ceremonia de mis bodas. Con Primavera me caso y pienso pasar tres noches de columpio y de apogeo. Llevadla al baño, que se ungüente y se ponga de resfriado, que yo la calentaré. (Las hijas de Trigeo *hacen un puchero y lanzan un chillido de pena.*) Sabía yo que, en diciendo que me casaba, iba a escuchar estas trompetas amormadas. No importa. Conducidla y hágase la dueña de mi casa.

ESCLAVO 1   ¿Qué se le da de comer?

TRIGEO   Nada entre dos platos. Ésta no come, y no es la menor ventaja de tan excelentísima esposa. Se alimentará de céfiros, de viento en popa y otros entremeses baratos. Andad. (*Cuando* EL ESCLAVO 1 *pasa ante las* HIJAS *conduciendo a* PRIMAVERA, *estas —aún gimoteando— hacen una pedorreta de mofa.*) ¡Malignas, si seguís con esas mañas os voy a dar una somanta!

LAS HIJAS DE TRIGEO   ¡Ay, papi, papi, papuchi, esos cochinos esclavos nos han querido violar como a dos lechonas baratas!

TRIGEO   ¡Ah! Pero vosotras no os dejasteis. Pues habéis hecho muy mal. Se ha de ser condescendiente con la servidumbre. Ahora, niñas, que tenemos a la Paz en candelero no quiero ver que en mi casa se instale la tiranía. ¡Largaos de aquí, y a la carrera! (*Llorando como descosidas se van* LAS HIJAS DE TRIGEO.) Y ahora, bella

Festival, ven conmigo a la Asamblea gober-
nante. En entregándote a ellos se habrá cumplido mi misión. Dame esa mano de caricia
y avancemos. De aquí al proscenio hay poco
que andar. Ahí los tienes. Estos son los que
administran el estado y cocinean nuestra política. Mira sus gestos preocupados y esa sonrisa diplomática de los hipócritas que bus-
can ser elegidos por la ciudadanía electora.
Están sentados porque saben que si se levantan
a tu llegada pueden perder el asiento. Siempre
habrá unas nalgas políticas que lo quieran ocu-
par. (*Al público.*) Señoras autoridades gober-
nantes, corregentes, ministros, grandes visi-
res, sultanes, demócratas, timócratas y autó-
matas: esta suculenta ninfa, que atiende por
Festival, es un regalo de los dioses destinado
al Consejo rector. Viene con las carnes turgen-
tes y acompañada por el prestigio de la Paz y
la concordia civil... (*De diversos lugares sale* EL
CORO *portando, unos, sus escudos de nube; y
otros, antorchas cuyo fuego es de diferente color.
Los de las nubes se sitúan tras la ninfa* FESTIVAL
*y la respaldan con un acumulado nimbo de glo-
ria en suave rotación, y los antorcheros hacen
cuadro a su alrededor.*) Vedla, cuán gloriosa viene y cuán inocente, aunque dispuesta a entre-
garse como torta bañada en vino. Ella representa la desnuda verdad y la libertad sin tapu-
jos dentro de un orden, porque no tiene los
pies en las manos ni los senos en las rodillas.
Y para verlo, no hay que hacer sino que se des-
poje de la túnica, lo cual hago sin dilación.

(*La destapa.*) Por la suculenta carta de crédito que presenta bien veréis que llega dispuesta a servir al amor y no a la Guerra. Si en la gloria de su cuerpo os divertís con el más humano juego, no dudo de que saldréis tolerantes y comprensivos hacia la divina belleza y la humana debilidad de los hombres. Tratadla bien, porque es delicada, no poco más que un poco de niebla sagrada; es una dulce bribona llena de utopía y de optimismo volátil. No la defraudéis, señores, ni con vuestros malos pujos caciquiles la hagáis madre de un engendro, de algún hijo cabezón, un baboso majadero o un becerro de cinco patas. Mas ¡allá vosotros! Maduros sois, aunque no os haré el agravio de llamaros carcamales.

Ya mi misión he cumplido,
ahí os la dejo.
Que su futuro marido
no sea un viejo
de muletas sostenido
en su pellejo.
Que la verdad en el chirrido
de este espejo
os manifieste el latido
de un consejo
siempre al espejo debido.
No es cangrejo
el tiempo, sino tejido
en el bosquejo
de un futuro prometido
con despejo.

Esto a mí me ha parecido,
este es solo mi partido
y esperanza que he prendido
en el festejo.

(*Los portadores de nubes envuelven a* FESTIVAL,
*mientras que a boca cerrada entonan un dulce
acorde. Y se apaga la luz antes concentrada en
el grupo.*)

Fin.

¡Ssssssshhhhhhhhhh!

Haz del teatro algo íntimo.

Llévalo siempre en el bolsillo

Cubierta y diseño editorial: Éride, Diseño Gráfico
Dirección editorial: ángel jiménez
Coordinación de la colección: Javier Llanos

Primera edición: julio, 2024

La Paz
© VdB, 2024
Espronceda, 5
28003 Madrid

VdB®

ISBN: 978-84-19850-67-6
Depósito Legal: M-15950-2024
Diseño y preimpresión: Éride, Diseño Gráfico

Este libro protege el entorno

la paz

Aristófanes
(Atenas, 444 - 385 a.C.)

Fue un comediógrafo griego, principal exponente del género cómico. Vivió durante la guerra del Peloponeso, época que coincide con el esplendor del imperio ateniense y su consecuente derrota a manos de Esparta. Sin embargo, también fue contemporáneo del resurgimiento de la hegemonía ateniense a comienzos del siglo IV a. C. Leyendo a Aristófanes es posible hacerse una idea de las intensas discusiones ideológicas (políticas, filosóficas, económicas y literarias) en la Atenas de aquella época.

Su postura conservadora lo llevó a defender la validez de los tradicionales mitos religiosos y se mostró reacio ante cualquier nueva doctrina filosófica. Especialmente conocida es su animadversión hacia Sócrates y consideraba el teatro de Eurípides como una degradación del teatro clásico.

Desde su juventud escribió comedias. Se conservan once obras suyas, desarrolladas con una estructura definida en la que alternan el diálogo y el canto: *Los acarnienses* (425 a.C.) *Los caballeros* (424 a.C.), *Las nubes* (423 a.C.), una sátira contra los nuevos filósofos, como Sócrates. *Las avispas* (422 a.C.), *La paz* (421 a.C.), *Las aves* (414 a.C.), *Lisístrata* (411 a.C.), *Las Tesmoforias* (411 a.C.), *Las ranas* (405 a.C.), sátira contra Eurípides. *Las asambleístas* (392 a.C.) y *Pluto* (388 a.C.).

Autor de dos obras desaparecidas *Los convidados* (estrenada en el año 427 a.C.) y *Los babilonios*, (representada en 426 a.C.).

ARISTÓFANES

la paz

La Paz se representó por primera vez durante las Grandes Dionisias del 421 a. C., y ese mismo año ganó el segundo premio en Atenas.

Personajes

PRIMER SERVIDOR.
SEGUNDO SERVIDOR.
TRIGEO,   viñador.
LAS HIJAS DE TRIGEO.
HERMES.
POLEMO,   personificación de la Guerra.
EL TUMULTO,   servidor de Polemo.
LA PAZ.
OPORA,   personaje mudo diosa de las cosechas.
TEORÍA,   personaje mudo, diosa de las fiestas.
HIEROLES,   adivino.
UN ARMERO.
NIÑO PRIMERO.
NIÑO SEGUNDO.
LAS CIUDADES GRIEGAS,   que componen el Coro.
VARIOS PERSONAJES MUDOS.

Nota:

La acción transcurre, parte en el Olimpo y parte en Atenas.

PRIMER SERVIDOR   Tráeme pronto una bolita para el escarabajo.

SEGUNDO SERVIDOR   Toma, dásela a esa cochina bestia. ¡Ojalá no coma jamás otra mejor!

PRIMER SERV.   Otra hecha con boñiga de asno.

SEGUNDO SERV.   Ahí la tienes también. Pero ¿dónde está la que trajiste hace un momento? ¿Se la ha comido ya?

PRIMER SERV.   ¡Pues ya lo creo! Me la arrebató de las manos, le dio una vueltecilla entre las patas y se la tragó enterita. Hazle, hazle otras más grandes y espesas.

SEGUNDO SERV.   ¡Oh, limpia-letrinas, socorredme en nombre de los dioses, si no queréis que me asfixie!

PRIMER SERV.   Otra, otra, confeccionada con excrementos de joven invertido; ya sabes que le gusta la masa muy molida.

SEGUNDO SERV.   Creo, señores, que hay algo de lo que nadie podrá acusarme: de que me coma la pasta al amasarla.

PRIMER SERV. ¡Puf!, venga otra, otra y otra, bolita; no ceses de amasar.

SEGUNDO SERV. No, por Apolo; ¡se acabó! No puedo resistir ya el olor de este lebrillo.

PRIMER SERV. Entonces, voy a llevármelo yo mismo de aquí.

SEGUNDO SERV. Eso es. Échasela a los cuervos y échate tú detrás. (*A los espectadores.*) ¿No me dirá alguno de vosotros que lo sepa dónde podré comprar una nariz sin agujeros? Porque es el más repugnante de los oficios esto de ser cocinero de un escarabajo. Al fin un cerdo o un perro se tragan nuestros excrementos tal y como se los encuentran, mas este animal anda siempre con remilgos, y ni se digna tocarlos, si no me he estado amasando un día entero la bolita, como si hubiera de ofrecerse a una joven delicada. Pero veamos si ha concluido de comer; voy a entreabrir un poquito la puerta para que no me distinga. ¡Traga, traga, atrácate hasta que revientes! ¡Cómo devora el maldito! Mueve las mandíbulas como un atleta sus membrudos brazos; luego agita la cabeza y las patas, como los que enrollan cables en las naves de carga. ¡Oh, animal voraz, fétido e inmundo! No sé qué dios nos ha enviado semejante regalo, pero seguramente no han sido ni Afrodita ni las Gracias.

PRIMER SERV.   ¿Quién, entonces?

SEGUNDO SERV.   Solo ha podido ser un monstruo enviado
                por Zeus, lanza-mier...

PRIMER SERV.   Pero sin duda algún espectador, alguno
                de esos jóvenes que presumen de ingenio-
                sos, estará diciendo ya: ¿qué es esto? ¿Qué
                significa ese escarabajo? Y un jonio sen-
                tado a su lado, estoy seguro de que le res-
                ponde: todo esto, si no me engaño, se re-
                fiere a Cleón, pues es el único que no tiene
                reparo en comer m... Pero voy a darle de
                beber.

SEGUNDO SERV.   Y ahora, voy a explicar el argumento a los
                niños, a los mozos, a los hombres, a los
                viejos y a los que han traspuesto el térmi-
                no ordinario de la vida. Mi amo padece
                una rara locura, no la vuestra, sino otra
                absolutamente inédita: la de pasarse todo
                el día mirando al cielo, con la boca abier-
                ta e increpando a Zeus de este modo: «¡Oh
                Zeus!» ¿Qué intentas? Deja la escoba; no
                vayas a vaciar Grecia con tus escobazos.»
                ¡Eh, silencio! Acabo de oír su voz.

TRIGEO   (En el interior de la casa.) ¡Oh, Zeus! ¿Qué
                intentas hacer de nuestra patria? ¿No ves
                que se despueblan las ciudades?

SEGUNDO SERV.   Ahí tenéis la manía de la que os hablaba.
                Esas palabras pueden daros una idea de ella;

yo os diré las que pronunciaba cuando principió a revolvérsele la bilis. Hablando aquí mismo a solas, exclamaba: «¿Cómo podría yo ir derecho a Zeus?» Construyó al efecto escalas muy ligeras, por las cuales, sirviéndose de pies y manos, trataba de subir al cielo; hasta que se cayó, rompiéndose la cabeza. Ayer se fue corriendo no sé adonde, y volvió a casa con este enorme escarabajo, ligero como un caballo del Etna, obligándome a ser su palafranero. Mi amo lo acaricia como si fuese un potro, y le dice: «Pegasillo mío, generoso volátil: llévame de un vuelo hasta el trono de Zeus.» Pero voy a ver por esta rendija lo que hace. ¡Oh desgraciado! ¡Favor! ¡Favor! ¡Vecinos! ¡Mi amo sube por el aire en el escarabajo!

TRIGEO   (*Apareciendo a caballo sobre una máquina que representa un escarabajo de dimensiones colosales.*) Calma, calma, despacio; poco a poco, escarabajo mío; refrena tu fogosidad; no confíes demasiado en tu fuerza; aguarda a que, después de sudar, el rápido movimiento de las alas haya dado agilidad a tus remos. Sobre todo, no despidas ningún aire infecto; si estás dispuesto a hacerlo, más vale que te quedes en casa.

SEGUNDO SERV.   ¡Señor y dueño, qué extravagancia!

TRIGEO   Cállate, cállate.

SEGUNDO SERV. Pero ¿adónde diriges tu vuelo, temerario?

TRIGEO Vuelo por la felicidad de todos los griegos; por ellos ejecuto una empresa atrevida y audaz.

SEGUNDO SERV. ¿Para qué volar? ¿Para qué esa necia locura?

TRIGEO Nada de palabras inútiles ni de reflexiones intempestivas; al contrario, dadme ánimos. Di a la gente que se calle, que tape bien las letrinas y las cloacas y que se taponen el trasero.

SEGUNDO SERV. No callaré hasta que me digas adonde intentas ir volando.

TRIGEO ¿Adónde he de ir sino al cielo, a ver a Zeus?

SEGUNDO SERV. ¿Con qué intención?

TRIGEO Con la de preguntarle qué piensa hacer de todos los griegos.

SEGUNDO SERV. ¿Y si no te lo dice?

TRIGEO Le citaré a juicio y le acusaré de hacer traición a los griegos en favor de los medos[1].

---

[1] Esta acusación era frecuente en Atenas. Los medos (o persas) veían con placer estas disensiones de los griegos.

SEGUNDO SERV.	Por Dionysos, no harás tal mientras yo viva.
TRIGEO	Pues no puede ser de otro modo.
SEGUNDO SERV.	¡Ay! ¡Ay! ¡Ay¡ Venid aquí, niñas, que vuestro padre os abandona, marchándose al cielo sin decir nada y abandonandoos como huérfanas. ¡Suplicadle que se quede, pobres desgraciadas!
LA NIÑA	(*Saliendo con su hermana.*) ¡Padre, padre! ¿Será verdad, como acaban de decirnos, que nos abandonas para ir a perderte con las aves en la región de los cuervos? Di, padre mío, ¿es verdad? Respóndeme si me amas.
TRIGEO	Sí, me marcho. Cuando me pedís pan, hijas mías, llamándome papá, se me parte el corazón al no hallar en toda la casa ni la sombra de un óbolo. Si salgo bien de la empresa, tendréis siempre que queráis una gran torta.
LA NIÑA	Y ¿cómo vas a hacer ese viaje? No hay navío que pueda conducirte.
TRIGEO	Iré sobre este corcel alado; no necesito embarcarme.
LA NIÑA	Pero, padre, ¿cómo se te ha ocurrido irte hasta los dioses montado en un escarabajo?

TRIGEO	Las fábulas de Esopo dicen que es el único animal alado capaz de haber llegado hasta los dioses.
LA NIÑA	Eso es un cuento increíble, querido padre. ¿Cómo ha podido llegar hasta los dioses un animal tan inmundo?
TRIGEO	Subió por la enemistad que tuvo con el águila, y se vengó haciendo una tortilla con sus huevos.
LA NIÑA	¿No sería mejor que montases al alígero Pegaso y te presentases a los dioses con más trágico continente?
TRIGEO	¿No comprendes que hubiera necesitado el doble de provisiones? Este se alimentará con lo que yo haya digerido.
LA NIÑA	Y si cae del piélago en los húmedos abismos, ¿cómo podrá salir a flote un animal alado?
TRIGEO	Llevo un timón, que emplearé si hay necesidad: todo se reducirá a que me sirva de nave un escarabajo de Naxos[2].
LA NIÑA	Después del naufragio, ¿qué puerto te acogerá?

---

[2] Juego de palabras: escarabajo era también el nombre que se daba a unas naves construidas en Naxos.

TRIGEO	¿Pues no hay en el Pireo el puerto del Escarabajo?[3].
LA NIÑA	Ten mucho cuidado de no resbalar y caer desde allá arriba. Arriesgas quedarte estropeado, darle un argumento a Eurípides y transformarte en título de tragedia.
TRIGEO	Eso es cuenta mía. Adiós. (*A los espectadores.*) Vosotros en cuyo obsequio sufro estos trabajos, absteneos durante tres días de soltar pedos y de hacer caca, pues, si al cernerse en las alturas percibe mi corcel algún olor, se precipitará sobre la tierra y burlará mis esperanzas. Adelante, Pegaso mío; haz resonar tu freno de oro, endereza las orejas. ¡Oh!, ¿qué haces? ¿Qué haces? ¿Por qué vuelves la cabeza hacia las letrinas? Levántate atrevidamente de la tierra y, desplegando tus veloces alas, vuela en línea recta al palacio de Zeus. Aparta por hoy el hocico de la basura y de todos tus alimentos cotidianos. ¡Eh, buen hombre! ¿Qué haces ahí? A tí te digo, que haces tus necesidades en el Pireo, junto al Lupanar. Ocúltalo pronto, cúbrelo con un montón de tierra, planta encima sérpol y riégalo con perfumes, pues si llego a caer ahí y me rompo la crisma en castigo de mi muerte tendrá que pagar cinco

---

³ Uno de los tres puertos del Pireo tenía ese nombre.

talentos la ciudad de Quios por tu condenado trasero. ¡Ay! ¡Ay! ¡Qué miedo! ¡Ya
no tengo ganas de bromas! Mucha atención, maquinista. Un viento rebelde gira
alrededor de mi ombligo; si no me conten-
go, voy a echarle un pienso al escarabajo[4].
Mas no debo estar lejos de los dioses, pues
ya distingo la morada de Zeus. ¿Quién es
ese que está en la puerta? Abrid.

(*La escena cambia y representa el Olimpo.*)

HERMES   ¿Qué es este olor a mortal? (*Viendo a* TRI-
           GEO.) Señor Heracles, ¿qué monstruo es ese?

TRIGEO   Un hipocántaro[5].

HERMES   Infame, atrevido, desvergonzado, bribón,
           rebribón, más que todos los bribones jun-
           tos, ¿cómo has subido hasta aquí? ¿Cómo
           te llamas? ¡Pronto!

TRIGEO   Me llamo Bribón.

HERMES   ¿De dónde eres? Contesta.

TRIGEO   Bribón.

HERMES   ¿Quién es tu padre?

---

[4] Por efecto de su temor.

[5] Es decir, un «caballo escarabajo.»

TRIGEO	¿Mi padre? Bribón.
HERMES	En nombre de la Tierra, vas a morir si no declaras el nombre que llevas.
TRIGEO	Soy Trigeo, nativo de Atmón, viñador honrado, enemigo de pleitos y delaciones.
HERMES	¿A qué has venido?
TRIGEO	A traerte estas viandas.
HERMES	(*Ablandándose.*) ¡Oh, pobre amigo! ¿Y cómo has hecho el viaje?
TRIGEO	Maldito glotón, ¿ya no te parezco un bribonazo? Ea, llama a Zeus.
HERMES	¡Pues si que te crees cerca de ver a los dioses! Están de viaje. Ayer mismo se fueron.
TRIGEO	¿A qué lugar de la Tierra?
HERMES	¡Ah, sí, de la Tierra!
TRIGEO	En fin, ¿adónde?
HERMES	Lejos, muy lejos, a la misma extremidad de la bóveda celeste.
TRIGEO	¿Cómo te has quedado aquí solo?

HERMES	Para guardar la vajilla de los dioses, los pucherillos, las tablillas y las pequeñas ánforas.
TRIGEO	¿Y por qué se han ido los dioses?
HERMES	Por enfado contra los griegos. En los lugares que les estaban destinados han alojado a Polemo[6], dándole amplios poderes para que os trate a su antojo. Se han retirado muy lejos, por no presenciar vuestros combates ni oír vuestras súplicas.
TRIGEO	¿Por qué razón nos tratan así?, dime.
HERMES	Porque habéis preferido la guerra a la paz que se os ha brindado mil veces. Los lacedemonios, si llegaban a conseguir alguna pequeña ventaja. exclamaban enseguida: «por los Dióscuros, nos la han de pagar los atenienses». Por el contrario, si los atenienses salíais algo mejor librados y los lacedemonios venían a tratar de la paz, la contestación ya se sabía que había de ser: «por Atenea, no nos engañáis; por Zeus, no hay que darle crédito; ellos volverán mientras tengamos a Pilos».
TRIGEO	Cierto, ese es nuestro lenguaje.

---

6 Personificación de La Guerra.

HERMES	Por lo cual no sé si volveréis a ver la Paz.
TRIGEO	Pues ¿adónde se ha ido?
HERMES	Polemo la encerró en una profunda caverna.
TRIGEO	¿En cuál?
HERMES	Ahí, en ese abismo; ¿no ves cuántos peñascos ha amontonado encima para que nunca podáis recobrarla?
TRIGEO	¿Sabes si está preparando algo contra nosotros?
HERMES	Lo ignoro; solo sé que ayer tarde trajo un mortero de prodigioso tamaño.
TRIGEO	¿Qué quiere hacer con ese mortero?
HERMES	Piensa machacar en él las ciudades. Pero me voy; si no me engaño, se dispone a salir, a juzgar por el estruendo que hay ahí dentro.
TRIGEO	¡Ah, pobre de mí! ¡Huyamos! Yo oigo también el estruendo de ese mortero de guerra.
POLEMO	(*Que trae un enorme mortero.*) ¡Ah, mortales, desdichados mortales! ¡Temblad por vuestras mandíbulas!

TRIGEO   ¡Oh, mi señor Apolo, qué cacho de mortero! ¡Es para echarse a temblar! !Y qué espantoso es ese Polemo! He aquí al monstruo sanguinario y cruel del cual huímos, monstruo horrible, monstruo despiadado, plantado sobre sus piernas.

POLEMO   ¡Oh, Parsies[7], una, y cien, y mil veces desgraciada, hoy terminas para siempre!

TRIGEO   Hasta ahora, señores, nada va con nosotros; el golpe es para Lacedemonia.

POLEMO   ¡Ah, Megara, Megara, cómo voy a majarte hasta reducirte completamente a picadillo.

            (*Echa cabezas de ajo en el mortero.*)

TRIGEO   ¡Oh! ¡Cuántos motivos de amargas lágrimas para los megarenses[8]!

POLEMO   También tú, Sicilia, vas a saber lo que es la muerte.

            (*Echa queso.*)

---

[7] Ciudad de Laccnia, destruída por los atenienses el año segundo de la guerra del Peloponeso.

[8] Polemo echa en el mortero ajos y queso, como emblemas de Megara y Sicilia, respectivamente.

TRIGEO	¡Pobre nación a punto de ser rallada!
POLEMO	Ea, mezclemos un poco de miel del Atica[9].
TRIGEO	¡Oh, no¡ Te aconsejo que emplees otra; esa cuesta a cuatro óbolos; economiza la miel del Atica.
POLEMO	¡Eh, Tumulto¡ Ven aquí.
EL TUMULTO	¿Qué me quieres?
POLEMO	Te voy a hacer gritar. ¿Cómo te quedas ahí plantado y sin hacer nada? ¡Toma¡, atrapa ese puñetazo.
EL TUMULTO	¡Qué fuerza¡ ¡Desgraciado de mí! ¡Ah, señor!
TRIGEO	Parece untado de ajo ese golpe[10].
POLEMO	(A TUMULTO.) Tráeme volando una mano de mortero.
EL TUMULTO	Pero, patrón mío, si no tenemos ninguna; como solo estamos aquí desde ayer...

---

[9] En representación de Atenas. La miel del Atica era muy celebrada.

[10] Para hacer más doloroso el puñetazo.

POLEMO	Pues corre donde los atenienses y tráeme una de allí. ¡Rápido¡
EL TUMULTO	Ya corro. ¡Pobre de mí si no la traigo!
TRIGEO	¿Qué podemos hacer nosotros, míseros mortales? Ya veis qué espantoso peligro nos amenaza. Si vuelve con la mano de mortero, este Polemo va a entretenerse en triturar a placer las ciudades. ¡Oh, Dionysos, permite que muera antes de traerla!
POLEMO	(*A* TUMULTO, *que regresa*.) ¿Qué hubo?
EL TUMULTO	¿Cómo dices?
POLEMO	¿Pero no la traes?
EL TUMULTO	¡Ah! ¿Sabes?... el... eso... lo han perdido los atenienses... aquel curtidor que machacaba a toda Grecia...[11].
TRIGEO	¡Oh, dicha! ¡Venerada Atenea! ¡Con qué oportunidad ha muerto! De no ser así estábamos perdidos.
POLEMO	(*A* TUMULTO). Corre, pues, a buscar otra en Lacedemonia, y concluyamos de una vez.
EL TUMULTO	Allá voy, señor.

---

[11] Por Cleón, muerto en la batalla de Anfípolis.

21

POLEMO	Date prisa en volver.
TRIGEO	¿Qué va a ser de nosotros, ciudadanos? Llegó el momento crítico. Si alguno de vosotros está iniciado en los misterios de Samotracia[12], ahora es la ocasión de desearle al mandadero una buena torcedura de pies.
EL TUMULTO	(*Que regresa otra vez.*) ¡Ay, qué desgraciado soy! ¡Ay y mil veces ay!
POLEMO	¿Qué es eso? ¿Tampoco ahora lo traes?
EL TUMULTO	También los lacedemonios han perdido el que los machacaba.
POLEMO	¿Y Cómo, granuja?
EL TUMULTO	Lo habían prestado para las plazas fuertes de Tracia y lo han perdido[13].
TRIGEO	Esto va bien, muy bien, ¡oh Dioscuros!, perfectamente bien; cobrad ánimo mortales.
POLEMO	Coge esos vasos y llévatelos adentro; yo voy también para fabricarme esa mano de mortero.

---

[12] Los que querían evitar algún mal se iniciaban en los misterios de Samotracia.

[13] Alusión a Brásidas, muerto en la misma batalla que Cleón.

TRIGEO   Llegó el momento de repetir lo que can-
                taba Datis, cuando se masturbaba en ple-
                no mediodía: «¡Qué gusto! ¡Qué placer!
                ¡Qué voluptuosidad!» Ahora, ¡oh griegos!,
                llegó la ocasión oportuna de olvidar que-
                rellas y combates, y de libertar a la Paz, a
                quien todos amamos, antes de que nos lo
                impida algún nuevo triturador[14]. Labra-
                dores, mercaderes, fabricantes, obreros, me-
                tecos, extranjeros, insulares: acudid pron-
                to, armaos de azadones, palancas y
                maromas. Por fin podremos tomar en nues-
                tras manos la copa del Buen Genio.

EL CORIFEO   Acudamos todos a trabajar por el interés
                común. Griegos de todos los países, uníos
                para nuestra salvación. Ahora o nunca.
                Dejemos ahí nuestros batallones y nues-
                tros malvados uniformes rojos. Hoy luce
                un sol no muy grato para Lámaco[15]. (A
                TRIGEO.) Vamos, di lo que hay que hacer;
                dispón, ordena, manda. Estamos decidi-
                dos a trabajar sin descanso, con máquinas
                y palancas, hasta volver a la luz a la más
                grande de las diosas, a la protectora más
                solícita de nuestras viñas.

---

[14] Posible alusión a Alcibíades, que en el mismo año excitó a
los habitantes de Patras a extender sus fortificaciones hasta
el mar, e iba preparando los ánimos a una nueva guerra, con
objeto de desarrollar sus ambiciosos planes.
[15] General ateniense, partidario de la guerra.

TRIGEO	¡Silencio! ¡Silencio! No vayan a despertar a Polemo los gritos que os arranca la alegría.
EL CORIFEO	Nos ha regocijado ese edicto mandando libertar a la Paz. !Cuán distintos de esos otros que nos han ordenado tantas veces acudir con víveres para tres días!
TRIGEO	Cuidado con el Cerbero que está ahí abajo. Aullando y echando espuma como lo hacía ahora mismo. Podría impedirnos libertar a la diosa.
EL CORIFEO	Nadie será capaz de arrebatármela, como llegue a estrecharla entre mis brazos. ¡Ay, ay, qué gozo!
TRIGEO	Estoy perdido, amigos míos, si no cesáis en vuestros gritos. Si el monstruo sale corriendo va a triturarlo todo bajo sus pies.
EL CORIFEO	Aunque lo revuelva, pisotee y arruine todo, hoy no podemos contener la alegría.
TRIGEO	Pero, ¿estáis locos? ¿Qué os sucede, amigos? Por los dioses os pido que no echéis a perder con vuestras cabriolas la más hermosa de las empresas.
EL CORIFEO	Si yo no quiero bailar; pero mi alegría es tanta que sin yo quererlo mis piernas saltan de gozo.

TRIGEO	¡Vamos! ¡Basta ya! ¡Que dejéis de bailar, os digo!
EL CORIFEO	Ea, se acabó.
TRIGEO	Lo dices, pero no lo haces.
EL CORIFEO	Bueno, permíteme esta pirueta, la última.
TRIGEO	De acuerdo, esa sola; pero ni una más.
EL CORIFEO	Si te podemos servir en algo, no danzaremos.
TRIGEO	Pero, malditos, ¿cuándo acabaréis?
EL CORIFEO	Otro más, por Zeus. Déjame lanzar al aire la pierna derecha y se acabó.
TRIGEO	Os lo permito; pero no me importunéis más.
EL CORIFEO	Sin embargo justo es que la pierna izquierda haga lo mismo. Hoy me rebosa el júbilo; río y alboroto; para mí, el dejar el escudo es tan grato como despojarme de la vejez.
TRIGEO	No os alegréis todavía; aún no es segura vuestra felicidad. Cuando la hayamos libertado, entonces alegraos, reíd y gritad. Porque entonces sí que podréis a vuestro antojo navegar o permanecer en casa, entregaros al sueño o al amor, asistir a las

fiestas o a los banquetes, vivir como verdaderos sibaritas y exclamar: «¡Iu! ¡Iu!»

EL CORO

¡Ojalá llegue a ver ese día! Muchos trabajos he sufrido, y muchas veces, como Formion[16], he dormido sobre la dura tierra. Ya no seré para ti, como antes, un juez atrabiliario y severo.

TRIGEO

Ni tan rígido como antes.

EL CORO

Me verás afable y enteramente rejuvenecido cuando al fin me vea libre del servicio militar. Sobrado tiempo ha que nos destrozan y matan haciéndonos ir y venir al Liceo[17] con lanza y escudo. Pero di en qué podemos complacerte, pues una suerte feliz ha hecho que seas nuestro jefe.

TRIGEO

Veamos como logramos quitar de aquí estos peñascos.

HERMES

Bribón audaz, ¿qué pretendes hacer?

TRIGEO

«Nada malo», como Cilicón[18].

---

[16] Ilustre general ateniense.

[17] Gimnasio de Atenas, donde se ejercitaban los soldados y se ponían a prueba antes de una expedición militar los hombres capaces de resistir sus fatigas.

[18] Respuesta que se había hecho proverbial. Cilicón de Mileto entregó su patria a los habitantes de Priene, respondiendo a los que le preguntaban qué intentaba hacer: Nada malo.

HERMES	Vas a morir, miserable.
TRIGEO	Mala suerte; tanto peor para mí. Como tú eres Hermes sé que lo harás por sorteo[19].
HERMES	Vas a morir de mil muertes.
TRIGEO	¿Para qué fecha?
HERMES	Ahora mismo, por cierto.
TRIGEO	Aún no he comprado nada, ni harina ni queso, para ir a morirme[20].
HERMES	A pesar de todo, date por... j.
TRIGEO	¿Cómo no he advertido que iban a procurarme semejante placer?
HERMES	¿Ignoras que Zeus ha decretado la pena de muerte a todo el que sea sorprendido desenterrándola?
TRIGEO	Por consiguiente, no me queda otro recurso que morir.
HERMES	Absolutamente.

[19] Alusión a una costumbre judicial. Cuando había varios criminales condenados a la pena capital se ejecutaba uno cada día, sorteándoles al efecto.

[20] Se refiere a las municiones de boca que tenían que adquirir los soldados al partir para una expedición.

TRIGEO	Pues préstame tres dracmas para comprar un lechoncillo: es preciso que me haga iniciar antes de morir[21].
HERMES	¡Oh Zeus tonante y fulminante!
TRIGEO	En nombre de los dioses, no me denuncies; te lo suplico, Señor...
HERMES	No puedo callarme.
TRIGEO	¡Te lo ruego por las viandas que te he traído con tan buena voluntad!
HERMES	Pero, desdichado, Zeus hará desaparecer de mí hasta el último rastro si no atraigo a gritos su atención sobre estos hechos.
TRIGEO	No chilles, por favor, mi pequeño Hermes. (*Al* CORO.) Y vosotros ¿qué hacéis? ¿Estáis atónitos? Hablad desdichados. ¿No véis que va a denunciarme?
EL CORO	¡No poderoso Hermes; no, no, no lo harás! Si algún recuerdo conservas del placer con que comiste el lechoncillo que te ofrecí, ten en cuenta mi grata ofrenda.
TRIGEO	¿Escuchas sus gentilezas señor?

---

[21] Al celebrarse la iniciación se ofrecía un cerdo en sacrificio. Los iniciados gozaban después de su muerte de un destino más feliz.

EL CORO   ¡Oh, no cambies en ira tu bondad, tú el más humano y generoso de los dioses! Si detestas el ceño y los penachos de Pisandro[22], acoge propicio nuestras súplicas y déjanos liberar a la Paz. Así te inmolaremos sin cesar sagradas víctimas y honraremos tus altares con sacrificios espléndidos.

TRIGEO   Vamos, cede a sus ruegos, pues ahora observan tu culto más fielmente que nunca.

HERMES   ¡Como que nunca han sido más ladrones[23]!

TRIGEO   Además, te revelaré una vasta y terrible conspiración que se está fraguando contra todos los dioses.

HERMES   Vamos, habla; acaso me convenzas.

TRIGEO   La Luna y ese cochino del Sol conspiran desde hace mucho tiempo contra vosotros, tratando de traicionar a Grecia en provecho de los bárbaros.

HERMES   ¿Y por qué lo hacen?

---

[22] Ironía. Pisandro era sumamente cobarde.

[23] Hermes, a la vez que dios de los mercaderes, lo era también de los ladrones.

29

Trigeo	Porque, en nombre de Zeus, es a vosotros a quienes os ofrecemos sacrificios, mientras que ellos se los ofrecen a los bárbaros. Así que es muy natural que deseen vuestra desaparición, para recibir ellos solos todas las ofrendas.
Hermes	Ahora comprendo por qué de algún tiempo acá, el uno nos roba parte de día y la otra nos presenta su disco carcomido[24].
Trigeo	Es la verdad. Por tanto, querido Hermes, ayúdanos con todas tus fuerzas a desenterrar la Paz. En adelante las grandes Panateneas y todas las demás fiestas religiosas, las Diipolias, las Adonías, los Misterios; se celebrarán en tu honor; todas las ciudades, libres de sus males, sacrificarán a Hermes preservador; y otros mil bienes lloverán sobre tí. Como una muestra, empiezo por regalarte este precioso vaso para que hagas libaciones.
Hermes	¡Ah, los vasos de oro me enternecen. Manos a la obra, mortales; entrad y removed esos peñascos con vuestros azadones.
El Corifeo	Dispuestos estamos. Tú, el más ingenioso de los dioses, dirige nuestros trabajos

---

[24] Alusión a varios eclipses de sol y de luna acaecidos durante la guerra del Peloponeso.

como hábil arquitecto, y manda cuanto gustes; ya verás que no somos flojos para el trabajo.

TRIGEO — Venga pronto la copa; emprendamos el trabajo con una invocación a los dioses.

HERMES — La libación empieza; guardad, guardad un silencio religioso. Roguemos a los dioses que en este día empiece para todos los griegos una era feliz: pidámosles que jamás tengan que embrazar el escudo cuando de buen grado secunden nuestra empresa.

TRIGEO — Jamás; y que pasen la vida en el seno de la Paz, en brazos de una amante, blandiendo el chafarote del amor, al amor del fuego.

HERMES — ¡Que todo el que prefiera la Guerra nunca acabe, !oh señor Dionysos!..

TRIGEO — ...de extraer de sus codos las puntas de las flechas.

HERMES — Y si algún aficionado a los galones se niega, ¡oh Paz!, a devolverte la luz, ¡que le suceda en los combates lo que a Cleónimo[25]!

---

[25] El que arrojó el escudo.

TRIGEO	Y si algún fabricante de lanzas o revendedor de escudos desea la guerra para vender mejor sus mercancías, ¡que lo secuestren unos bandidos y no coma más que cebada!
HERMES	Y si alguno, que ambicione ser general, se niega a ayudarnos, dispuesto a pasarse al enemigo como un esclavo...
TRIGEO	...que lo aten sobre la rueda y que lo azoten.
HERMES	¡Y que todas las felicidades vengan sobre nosotros. *Lé, peán, ié...*
TRIGEO	Suprime el *peán*⁽²⁶⁾; basta con *ié.*
HERMES	*lé, ié...* Ya no digo más que ¡¡é!!
TRIGEO	¡En honor de Hermes, de las Gracias, de las Horas, de Afrodita, del Deseo!
HERMES	¿Y no en el de Ares?
TRIGEO	No.
HERMES	¿Ni tampoco de Enialo⁽²⁷⁾?

---

²⁶ La palabra *peán* es homónima de una forma de verbo griego que significa «pegar.»

²⁷ Sobrenombre de Ares en Homero.

TRIGEO	Tampoco.
HERMES	Ahora tended los músculos y tirad de los cables.
EL CORO	¡Oh, iza!
HERMES	¡Venga más, más!
EL CORO	¡Oh iza, oh iza!
TRIGEO	Pero no todos tiran a la vez. ¡Tirad todos a una! Estáis fingiendo que trabajáis. ¡Bien que lo sentiréis, estúpidos beocios[28]!
HERMES	Adelante, pues.
TRIGEO	¡A la tarea!
EL CORO	(*A* HERMES *y a* TRIGEO.) Ea, tirad vosotros también.
TRIGEO	Pues qué, ¿no tiro yo? ¿No estoy colgado de la cuerda y haciendo los mayores esfuerzos?
EL CORO	Entonces, ¿cómo es que no adelanta la obra?
TRIGEO	¡Eh, Lámaco! Nos estás estorbando ahí metido entre nuestras piernas. No tenemos

---

[28] Dándoles a entender que no querían la Paz.

ninguna necesidad de tus aspavientos. Los argivos también han dejado de tirar hace rato. Se burlan de los que trabajan, lo que no les impide recibir a manos llenas los subsidios.

HERMES   Pero los laconios, amigo mío, tiran con toda su energía.

TRIGEO   Mirad, los únicos que trabajan son los que manejan el azadón, pero los metalúrgicos se lo estorban.

HERMES   Tampoco los megarenses hacen nada de provecho aunque tiran con un rictus de perritos voraces.

TRIGEO   Es que se mueren de hambre.

HERMES   No adelantamos nada, amigos: reunamos nuestros esfuerzos y tiremos a una.

EL CORO   ¡Oh, iza!

HERMES   ¡MáS fuerte!

EL CORO   ¡Oh, iza!

HERMES   ¿Más, más!

EL CORO   Algo adelantemos.

TRIGEO	¡Esto es tremendo! Unos tiran a un lado, y los otros al contrario. ¡Váis a recibir una tanda de palos, señores argivos!
HERMES	¿Venga, pues! ¡Vamos, iza!
TRIGEO	¡Oh, iza!
EL CORO	Hay mucho malintencionado entre nosotros.
TRIGEO	Vosotros, al menos, los que deseáis ardientemente la paz, tirad con fuerza.
EL CORO	Pero hay alguno que lo impide.
HERMES	¡Iros al infierno, megarenses! La diosa os detesta, recordando que fuisteis los primeros en untarla con aros. Y vosotros atenienses, no tiréis ya de ese lado; está visto que solo podéis ocuparos de procesos. Pero si queréis seguir tirando de ese lado, retiraos un poco hacia el mar.
EL CORIFEO	Vamos, amigos, tiremos nosotros solos, los labradores.
HERMES	Es evidente que con vosotros el trabajo marcha mucho mejor, amigos míos.
EL CORIFEO	Dice que la cosa marcha; vamos, valor todo el mundo.

TRIGEO	Solo los labradores, y nadie más, hacen adelantar la obra.
EL CORO	!Firmes, pues! ¡Firme todo el mundo!
HERMES	¡Ya nos acercamos! No hay que ceder.
EL CORO	¡Animo! ¡Animo! !Venga, venga, todos a una!
HERMES	¡Ya está!

(La PAZ *sale de la caverna acompañada de* OPORA, *diosa de las cosechas y de* TEORÍA, *diosa de las fiestas)*.

TRIGEO	¡Oh, tú, soberana, dispensadora de los racimos! ¿En qué términos podría dirigirte mi saludo? ¿Dónde podré hallar para saludarte palabras equivalentes a diez mil ánforas[29]? No tengo ninguna en casa. Salud, Opora, y tú también, Teoría, la del bello rostro, ¡oh Teoría! ¡Qué perfume se exhala de tu aliento! ¡Qué bálsamo para el corazón¡ Tan suave como que está compuesto de armisticio y de esencia perfumada.
HERMES	¿No es un olor semejante al de la mochila militar?

---

[29] Es decir, que expresen la abundancia de vinos que con la Paz se van a recoger.

TRIGEO	¡Qué horror la mochila de un soldado! Apesta como los eructos de un devorador de cebollas, en tanto que ella exhala el aroma de los frutos, de la buena mesa, de las Dionisias, de las flautas, de las tragedias, de los coros de Sófocles, de los de los tordos, de los versitos de Eurípides...
HERMES	¡Desdichado! No la calumnies. ¿Cómo quieres que a ella le agrade ese fabricante de sutilezas y sofismas?
TRIGEO	...de la hiedra, del filtro para el vino, de los corderillos que balan, de los senos de las mujeres que se persiguen en los campos, de las sirvientas desmelenadas, del ánfora volcada y de otro montón de cosas buenas.
HERMES	Mira, mira cómo hablan unas con otras las ciudades y se ríen de todo corazón.
TRIGEO	Y eso aunque todas sin excepción aún tienen los ojos a la funerala y estén cubiertas de chichones.
HERMES	Echa un vistazo sobre los espectadores; por el semblante de cada cual conocerás su oficio.
TRIGEO	¡Buen espectáculo!

HERMES	Muy bueno; ¿ves allí al fabricante de penachos cómo se está tirando de los pelos?
TRIGEO	Sí; pero el que hace azadones se ríe en las narices del fabricante de espadas.
HERMES	¿Mira cómo se regocija ese otro fabricante de hoces!
TRIGEO	Y cómo le hace burla al fabricante de lanzas.
HERMES	Ea, diles a los labradores que pueden retirarse.
TRIGEO	Aviso a la población, vuelvan cuanto antes a los campos los labradores con sus aperos, dejándose de lanzas, espadas y flechas; todo respira ahora el viejo aroma de la Paz. Vuelvan, pues, todos a las rústicas faenas, después de entonar un jubiloso canto.
EL CORIFEO	¡Oh día deseado por los hombres de bien y los campesinos! ¡Con qué placer volveré a ver mis viñas y a saludar, después de tanto tiempo, las frondosas higueras plantadas en mi juventud!
TRIGEO	Invoquemos antes, amigos míos, a la diosa que nos ha libertado de gorgonas y penachos, y corramos después a nuestros campos, provistos de un sabroso almuerzo.

HERMES ¡Oh Poseidón, cómo alegra la vista ese batallón de labradores, apretados como la masa de una torta o los convidados en un banquete público!

TRIGEO ¡Palabra de honor! La guadaña reluce espléndidamente cuando ha trabajado con provecho y las hoces brillan con los rayos del sol. ¡Qué surcos tan rectos va a trazar esa turba feliz! Yo también deseo marchar al campo y remover aquellas pocas tierras, tanto tiempo abandonadas. ¡Acordaos, amigos míos, de nuestra antigua vida, regocijada con los dones que la diosa nos dispensaba! ¡Acordaos de aquellas cestas de higos secos y frescos; acordaos de los mirtos, del dulce mosto, de las violetas ocultas en las orillas de la fuente y de las aceitunas tan deseadas! Por tan inmensos beneficios adoremos a la diosa.

EL CORO ¡Ave, ave, deidad querida; tu retorno llena de regocijo nuestras almas! Lejos de tí me abrumaba el dolor, me consumía el ardiente afán de volver a mis campos. Tú eres para todos el mayor de los bienes, la más anhelada dicha. Tú, el único sostén de los que viven cultivando la tierra, bajo tu imperio, sin dispendios ni fatigas, disfrutábamos de mil dulces placeres; tú eras nuestro pan cotidiano, nuestra salud, nuestra vida. Por eso las vides, las jóvenes higueras y todas nuestras

plantas te acogen jubilosas y sonríen a tu llegada.

EL CORIFEO (*Dirigiéndose a* HERMES.) Y tú, el más benévolo de los dioses, dinos dónde ha estado encerrada tanto tiempo.

HERMES Si queréis saber cómo había desaparecido, escuchad bien mis palabras, oh prudentes labriegos. La desgracia de Fidias[30] fue la primera causa; seguidamente, Pericles, temeroso de la misma suerte, desconfiando de vuestro carácter irritable, creyó que el mejor modo de evitar el peligro personal era prenderle fuego a la ciudad. Su decreto contra Megara fue la pequeña chispa que produjo la vasta conflagración de una guerra, cuyo humo ha arrancado tantas lágrimas a todos los griegos, a los de aquí y a los de otras comarcas. Al primer rumor de ese incendio, crujieron a su pesar nuestras cepas; la tinaja, bruscamente removida, chocó contra la tinaja; nadie podía ya contener el mal, y la paz desapareció.

---

[30] El célebre escultor Fidias, amigo de Pericles, recibió el encargo de hacer la estatua de Atenea siendo acusado luego de haber sustraído parte del oro que al efecto se le dio. Condenado al destierro se retiró a Elis, donde hizo la estatua de Zeus Olímpico. Pericles, temeroso de igual suerte y cómplice tal vez del artista, para distraer la atención pública del asunto hizo decretar la guerra contra Megara.

TRIGEO	He aquí, por Apolo, cosas completamente ignoradas; a nadie había yo oído decir que Fidias estuviese relacionado con la Paz.
EL CORIFEO	Ni yo tampoco hasta ahora. Sin duda la Paz debe su hermosura a su parentesco con ese ilustre artista. ¡Cuántas cosas ignoramos!
HERMES	Entonces, conociendo las ciudades sometidas a vuestro mando, que, exasperados unos contra otros, estábais próximos a despedazaros, pusieron en práctica todos los medios para eximirse de los pagos de los tributos y ganaron a fuerza de oro a los lacedemonios principales. Estos, como avaros que son y despreciativos de todo extranjero, muy pronto arrojaron ignominiosamente a la Paz y se decantaron por la Guerra. La fuente de sus ganancias fue de ruina para los pobres labradores; pues bien pronto vuestras trirremes fueron, en represalias, a comerse sus higos.
TRIGEO	Muy bien hecho. También ellos me cortaron a mí una higuera de higos negros que yo mismo había plantado y cultivado.
EL CORIFEO	Sí, muy bien; a mí también me rompieron de una pedrada un jarrón de seis medianas de capacidad.

HERMES Los trabajadores del campo, replegados después en masa en la ciudad, se dejaron embaucar como los otros; echaban de menos, es cierto, sus uvas y sus hijos; pero, en cambio, oían a los oradores. Estos, conociendo la debilidad de los indigentes, reducidos a la mayor miseria, ahuyentaron a la Paz a fuerza de clamores y golpes de hoz cada vez que impulsada por su amor a nuestro país, apareció entre nosotros; vejaban a los más poderosos y opulentos de nuestros aliados, acusándolos de ser partidarios de Brásidas. Y vosotros os arrojabais como perros sobre el infeliz calumniado y lo despedazábais rabiosamente, pues la ciudad, pálida de hambre y de miedo, devoraba con feroz placer cuantas víctimas le presentaba la calumnia. Los extranjeros, viendo los terribles golpes que asestaban estos oradores, les tapaban la boca con oro, de suerte que los enriquecieron, mientras Grecia se arruinaba sin que lo advirtieseis. El autor de tantos males era un curtidor[31].

TRIGEO Basta, basta, mi señor Hermes. No pronuncies su nombre; deja a ese individuo donde está, bajo tierra. Ya no es nuestro, sino tuyo(32); por consiguiente, cuanto

---

[31] Alusión a Cleón.

[32] Una de las misiones de Hermes consistía en llevar al infierno las almas de los difuntos.

digas de él, aunque en vida haya sido canalla, charlatán, delator, revoltoso y trastornador, recaerá sobre uno de tus súbditos. (*A la* PAZ.) Pero dime, oh soberana, por qué guardas silencio.

HERMES   No conseguirás que revele a los espectadores la causa de su silencio; está muy irritada por lo que la han hecho sufrir.

TRIGEO   Pues que te diga a tí siquiera en voz baja algunas palabras.

HERMES   Dime, pues, querida amiga, qué piensas de ellos. Habla, mujer, la más enemiga de los escudos. Bien, ya escucho. (*Supone que la* PAZ *le habla al oído.*) Esas son tus quejas; comprendo. (*A los espectadores.*) Oíd vosotros sus acusaciones. Dice que cuando después de los sucesos de Pilos ella se presentó voluntariamente con una cesta llena de tratados la rechazasteis tres veces en la Asamblea.

TRIGEO   Es verdad, cometimos esa falta; pero perdónanos: teníamos la cabeza forrada de cuero[33].

HERMES   Escucha ahora la pregunta que acaba de hacerme: ¿quién era en Atenas el espíritu

---

[33] Alusión a la influencia omnipotente de Cleón en aquella época.

peor dispuesto contra ella y, por el contrario, qué otro hacía más contra la guerra?

TRIGEO

Su más fiel amigo era, sin duda alguna, Cleónimo.

HERMES

¿Cuál era, pues, a tu juicio, la actitud de Cleónimo durante la guerra?

TRIGEO

Muy intrépida, solo que no es hijo de quien se decía, pues en la batalla probaba suficientemente, arrojando las armas, que es un hijo supuesto[34].

HERMES

Escucha lo que ahora acaba de preguntarme. ¿Quién es el orador que, en el momento actual, domina en la tribuna del Pnix?

TRIGEO

El que ahora domina allí es Hipérbolo[35]. (*A la* PAZ.) ¿Pero qué haces? ¿Por qué vuelves la cabeza?

HERMES

Aparta el rostro indignada de que el pueblo haya designado un jefe tan detestable.

TRIGEO

Pues bien; ya no lo emplearemos más; pero es que el pueblo, viéndose sin guía y en

---

[34] Juego de palabras basado en la semejanza de que pierde sus armas y supuesto hijo.

[35] Demagogo, heredero de la influencia de Cleón y objeto de los continuos ataques de Aristófanes.

completa desnudez, se ha servido de ese hombre en espera de otro mejor y a manera de taparrabos.

HERMES

Me pregunta ahora la Paz qué ventajas podrá traerle eso a la ciudad.

TRIGEO

Seremos más reflexivos.

HERMES

¿Y cómo?

TRIGEO

Porque es fabricante de linternas. Antes, en política íbamos a tientas y en la oscuridad; ahora todo lo resolveremos a plena luz.

HERMES

¡Oh! ¡Oh! !Lo que me manda preguntarte!

TRIGEO

¿Sobre qué?

HERMES

Sobre mil antiguallas que dejó al partir. Lo primero que desea saber es qué hace Sófocles.

TRIGEO

Está muy bien; pero le ha ocurrido una cosa extraordinaria.

HERMES

¿Cuál?

TRIGEO

Pues que Sófocles se ha convertido en Simónides[36].

---

[36] Simónides fue el primer poeta que hizo pagar sus versos.

HERMES	¡En Simónides! ¿Cómo es eso?
TRIGEO	Achacoso y viejo, por ganarse un óbolo sería capaz de navegar sobre un cesto.
HERMES	Y el sabio Cratino[37], ¿vive todavía?
TRIGEO	Murió cuando la invasión de los lacedemonios.
HERMES	¿Y cómo murió?
TRIGEO	De pasmo; no pudo resistir la pena que le produjo ver romperse un tonel de vino. ¡Cuántas otras desgracias han afligido a esta ciudad! Así es que en adelante no te dejaremos partir, oh soberana.
HERMES	Pues bien, en ese supuesto, te entrego a Opora por mujer; véte a vivir con ella al campo, y cultiva tu viña.
TRIGEO	Acércate, amada mía, y dame un dulce beso. Dime poderoso Hermes ¿me vendrá algún daño por holgarme con Opora después de tan larga abstinencia?
HERMES	No, a condición de que te tomes enseguida una infusión de poleo. Pero, ante todo, acompaña a Teoría al Consejo del que antes formaba parte.

---

[37] Poeta cómico.

TRIGEO

Dichoso tú, oh Consejo, que posees una Teoría. ¡Cuánta salsa absorberás en estos tres días! ¡Qué de carnes y mondongos cocidos no comerás! Adiós pues, mi querido Hermes.

HERMES

¡Adiós, honrado Trigeo; que lo pases bien y que te acuerdes de mí!

TRIGEO

¡Escarabajo mío, volemos, volemos a casa!

HERMES

Pero si no está aquí, amigo mío!

TRIGEO

¿A dónde se fue?

HERMES

«Está uncido al carro de Júpiter y es portador del rayo›

TRIGEO

Pero ¿dónde hallará el infeliz sus alimentos?

HERMES

Comerá la ambrosía de Ganimedes.

TRIGEO

¿Y cómo voy a poder ahora realizar mi descenso?

HERMES

No tengas miedo, lo arreglaremos; acércate aquí... junto a la diosa.

TRIGEO

(*A las dos compañeras de la* PAZ.) Venid aquí, muchachas, seguidme rápidas; son muchos los hombres que os esperan enardecidos y con la verga en alto.

EL CORIFEO   Véte contento. Nosotros, entre tanto, encomendamos a nuestros servidores la custodia de estos objetos, pues no hay lugar menos seguro que el teatro; a su alrededor andan siempre escondidos muchos ladrones, acechando la ocasión de atrapar algo. (*A los Criados.*) Guardadnos bien todo eso, mientras nosotros le explicamos al público el objeto de esta obra y la intención que nos anima. Merecería ciertamente ser apaleado el poeta cómico que, dirigiéndose a los espectadores, se elogiase a sí propio en los anapestos[38]. Pero si es justo, !oh hija de Zeus!, el tributar todo linaje de honores al más sobresaliente y famoso en el arte de hacer comedias, nuestro autor se considera digno de los mayores elogios. En primer lugar, es el único que ha obligado a sus rivales a suprimir sus gastadas burlas sobre los harapos, y sus combates contra los piojos; además él ha puesto en ridículo y ha arrojado de la escena a aquellos Heracles, panaderos hambrientos, siempre fugitivos y bellacos, y siempre dejándose apalear de lo lindo; y ha prescindido, por último, de aquellos esclavos que era de rigor que saliesen llorando, solo para que un compañero, burlándose de sus lacerías, les preguntase riendo: «hola, pobrecillo. ¿Qué le ha

---

[38] Ya se ha dicho que el anapesto es el metro empleado en la Parábasis, que el Coro ha empezado ahora.

pasado a tu piel? ¿Acaso un puercoespín ha lanzado sobre tu espalda un ejército de púas, llenándola de surcos?» Suprimiendo estos insultos e innobles bufonadas, ha creado para vosotros un gran arte, parecido a un palacio de altas torres, fabricado con hermosas palabras, profundos pensamientos y chistes no vulgares. Jamás sacó a escena particulares oscuros ni mujeres; antes bien, con hercúleo esfuerzo arremetió contra los mayores monstruos, sin arredrarle el hedor de los cueros ni las amenazas de un cenagal removido. Yo fui el primero que ataqué audazmente a aquella horrenda fiera de espantosos dientes, ojos terribles, flameantes como los de Cinna, rodeada de cien infames aduladores que le lamían la cabeza, de voz estruendosa como la de destructor remolino, de olor a foca, y de partes secretas que, por lo inmundas, recuerdan las de las lamias y camellos[39]. La vista de semejante monstruo no me atemorizó; al contrario, salí a su encuentro y peleé por vosotros y por las islas. Motivo es este para que premiéis mis servicios y no os olvidéis de mí. Además, en la embriaguez del triunfo no he recorrido las palestras seduciendo a los jóvenes, sino que, recogiendo mis enseres, me retiraba al punto, después de haber

---

[39] Alusión a Cleón.

molestado a pocos, deleitando a los más y realizar cumplidamente mi deber. Por tanto, hombres y niños han de declararse a mi favor, y hasta los calvos deben, por propio interés, contribuir a mi victoria; pues si salgo vencedor, todos dirán en la mesa y en los festines: «llévale esto al calvo; dale esta confitura al calvo; no neguéis nada a ese nobilísimo poeta ni a su brillante frente[40]».

EL PRIMER SEMICORO   ¡Oh Musa, ahuyenta a la guerra y ven conmigo a presidir las danzas, a celebrar las bodas de los dioses, los festines de los hombres y los banquetes de los bienaventurados! Estos son tus placeres. Si Carcino viene y te suplica que bailes con sus hijos, no le atiendas ni le ayudes en nada; considera que son unos bailarines de delgado cuello, a modo de codornices domésticas; tan enanos como cagarrutas de cabra; en fin, poetas de pura tramoya[41]. Su padre dice que la única de sus piezas que, contra toda esperanza, tuvo éxito, fue estrangulada de noche por una comadreja[42].

---

[40] Aristófanes era calvo.

[41] Jenocles, uno de los hijos de Carcino, que compuso tragedias, abusaba en éstas de la maquinaria, fiando en recursos extraños al arte el éxito de sus dramas.

[42] Aristófanes alude, tal vez, a alguna pieza de Jenocles titulada *El ratón*.

EL SEGUNDO SEMICORO Tales son los himnos que las Gracias de hermosa cabellera inspiran al docto poeta cuando la primaveral golondrina gorjea entre el follaje y Morsino y Melantio no pueden obtener un Coro; Melantio me desgarró los oídos con su destemplada voz cuando consiguieron su Coro trágico él y su hermano, dos glotones como las Arpías y Gorgonas, devoradores de rayas, gozadores de viejas, impuros, que apestan a chivo, y son el azote de los peces. ¡Oh Musa!, envuélvelos en un inmenso escupitajo y ven a celebrar la fiesta conmigo.

(La escena representa otra vez la Tierra.)

TRIGEO (*Acompañado de* OPORA *y de* TEORÍA.) ¿Qué empresa tan difícil era la de llegar hasta los dioses! Tengo las piernas magulladas! !Qué pequeñitos me parecíais desde allá arriba; cierto que mirados desde el cielo parecéis bastante malos; pero desde aquí, mucho peores!

EL SERVIDOR ¿Ya de regreso, señor?

TRIGEO Es, al menos lo que dicen.

EL SERVIDOR ¿Y qué te sucedió?

TRIGEO Me duelen las piernas; ¡el camino es tan largo!

EL SERVIDOR   ¿Y podrías decirme...?

TRIGEO   ¿Qué?

EL SERVIDOR   ¿Si has visto otros hombres vagando por las regiones del cielo?

TRIGEO   No; aparte de dos o tres almas de poetas ditirámbicos[43].

EL SERVIDOR   ¿Qué hacían?

TRIGEO   Trataban de atrapar al vuelo algunos preludios, esos preludios «que flotan por doquier en la limpidez del etéreo[44]».

EL SERVIDOR   ¿Y averiguaste si es verdad, como se dice, que después de muertos nos convertimos en estrellas?

TRIGEO   Es absolutamente exacto.

EL SERVIDOR   ¿Y qué estrella es allá arriba Ion de Quios[45]?

TRIGEO   Aquella precisamente que antaño él designó en uno de sus poemas con el nombre de Estrella matutina. En cuanto apareció

---

[43] Aristófanes censura la ampulosidad e hinchazón de estilo de los autores de ditirambos.

[44] Parodia del estilo ditirámbico.

[45] Poeta ditirámbico.

en el cielo, todos empezaron a llamarl0 con ese mismo nombre.

EL SERVIDOR   ¿Quiénes son esas clases de estrellas que corren dejando un rastro de luz?

TRIGEO   Son estrellas de los ricos que regresan de cenar, llevando encendidas linternas. Pero concluyamos: llévate cuanto antes a casa a esa joven (*Por* OPORA.); limpia la bañera; calienta el agua, y prepara para ella y para mí el lecho nupcial. En cuanto concluyas, vuelve aquí. Mientras tanto, devolveré esta otra (*Por* TEORÍA.) al Consejo.

EL SERVIDOR   ¿De dónde las traes?

TRIGEO   ¿De dónde? Del cielo.

EL SERVIDOR   Pues no doy un óbolo por los dioses, si ahora se dedican al oficio de proxenetas como nosotros los mortales.

TRIGEO   No todos lo son aunque haya algunos que vivan de ese oficio. Y vámonos ya.

EL SERVIDOR   ¡Ah! dime: ¿hay que darle de comer?

TRIGEO   Nada; no querrá comer pan ni pasteles, pues entre los dioses su régimen alimenticio consiste en chupar ambrosía.

EL SERVIDOR   Habré de prepararle, pues, algo que pueda chupar.

(*Se lleva a* OPORA.)

EL CORO   A mi ver, ese buen hombre está ahora muy contento de lo que hace.

TRIGEO   ¿Qué diréis cuando me veáis casado y en todo mi esplendor?

EL CORO   Rejuvenecido por el amor y perfumado con exquisitas esencias, tu felicidad es envidiable, anciano.

TRIGEO   ¡Ya lo creo! ¿Y qué diréis cuando, acostado con ella, le acaricie los pechos?

EL CORO   Nos parecerás más feliz que todos esos trompos de Carcino.

TRIGEO   Y es muy justo. ¿No merecería esta recompensa el haber salvado a los griegos, montado en mi escarabajo? Gracias a mí, todos pueden vivir en el campo y gozar en paz del amor y del sueño.

EL SERVIDOR   (*Que regresa.*) La mujercita ha tomado el baño y tiene el trasero de lo más limpio; la torta está cocida, amasado el sésamo[46] y preparado todo lo demás; solo falta el galán.

TRIGEO	Pero antes he de apresurarme a llevar a Teoría al consejo.
EL SERVIDOR	Pero ¿qué' dices? ¿De quién se trata?
TRIGEO	De aquella misma Teoría con la cual fuimos una vez a Brauron[47] a beber y a regocijarnos. Puedes creer que me ha costado mucho trabajo hacerme con ella.
EL SERVIDOR	¡Oh, patrón, qué placeres va a tener, con tales posaderas, en esas fiestas quincenales!
TRIGEO	Desde luego; pero veamos ¿hay alguien entre vosotros que sea de fiar? ¿Quién de vosotros podía encargarse de escoltar a esta joven y de conducirla hasta el Consejo? (*Al* SERVIDOR.) ¡Eh, tú! ¿Qué dibujas ahí?
EL SERVIDOR	El... galán. Reservo un puesto para los juegos del istmo[48].

---

[46] Planta que, por su abundancia de semillas, era tenida en Grecia como emblema nupcial. A los recién casados se les coronaba con hojas de sésamo y se les ofrecía un panecillo hecho con su harina.

[47] Demo del Atica donde cada cinco años se celebraban fiestas en honor de Artemis.

[48] Alusión obscena, apenas velada por las palabras «galán» e «istmo».

Trigeo	Vamos, ¿ninguno quiere encargarse de escoltarla? (*A* Teoría.) Ven acá pequeña. Te llevaré en medio de ellos.
El Servidor	Allá hay uno que hace señas.
Trigeo	¿Quién?
El Servidor	Arifrades desea ardientemente que se la lleves.
Trigeo	No, ese no; se precipitará sobre ella para lamerle toda la crema. (*A* Teoría.) En fin, tú, para empezar, deja caer todos tus velos. (*Conduce a* Teoría *ante las gradas reservadas a los miembros del Consejo.*) Señores, Consejeros y Pritáneos, os presento a Teoría. Ya véis todos los bienes que os traigo al entregárosla. Podéis ponerle las piernas en el aire y proceder a los preliminares. Echádle un vistazo a esta cocina.
El Servidor	¡Soberbia! ¡Estupenda! ¡Y con el fogón bien ennegrecido por el hollín! Antes de la guerra, ahí era donde los Consejeros colocaban sus utensilios.
Trigeo	Además, para mañana mismo podéis organizar con ella una justa excelente con un programa de luchas vientre a tierra, carreras a cuatro patas, ejercicios de costa, dilo, flexiones de tronco, rodilla en tierra y, para terminar el pancracio en el que,

ligeramente frotados con aceite, podéis
sacudirle un buen vapuleo. Al otro día or-
ganizaréis, si os place, una carrera de ca-
ballos, con los jinetes pegados unos con
otros y los aparejos revueltos entre sí, ja-
deantes y sin aliento, mientras que los
aurigas, caídos de sus carros en los vira-
jes, morderán el polvo antes de la meta.
Vamos, Pritáneos, recibid a Teoría. Ved la
calurosa acogida que le hace ese Pritáneo.
No sería lo mismo si tuvieras que presentar gratis un asunto ante el Consejo[49].
Hubieras invocado unas vacaciones.

El Coro   Un hombre como tú es utilísimo a la sociedad.

Trigeo   Cuando vendimiéis, aún conoceréis, mejor lo que valgo.

El Coro   Ya lo has demostrado bastante; eres el
salvador de la humanidad.

Trigeo   Lo repetirás cuando bebas el vino nuevo.

El Coro   Siempre te creeremos el más grande, después de los dioses.

Trigeo   Mucho me debéis a mí, Trigeo el Atmo-
nense, pues he desembarazado de terribles

[49] Eran los Pritáneos los que recibían las peticiones de audiencia ante el Consejo. Solían aceptar regalos de los solicitantes.

miserias a la población rústica y urbana y he domesticado a Hipérbolo.

EL SERVIDOR   Dinos lo que debemos hacer ahora.

TRIGEO   Nada, sino celebrar la instalación de la diosa sacrificándole un buen cocido.

EL SERVIDOR   ¿Un cocidito como para un pequeño e insignificante Hermes?

TRIGEO   Pues ¿qué queréis? ¿Un buey bien cebado[50]?

EL SERVIDOR   ¡Un buey! No, de ningún modo; por si aún teníamos que correr al matadero.

TRIGEO   ¿Entonces un cerdo grande y gordo?

EL SERVIDOR   No, no.

TRIGEO   ¿Por qué?

EL SERVIDOR   Porque arriesga inspirarle groserías a Teógenes.

TRIGEO   ¿Qué animal te parece, pues, el indicado?

---

[50] Toda esta escena se basa en juegos de palabras que oscurecen el sentido de la versión. La voz buey tiene en griego una resonancia de la voz socorro y ésta alude aquí a los socorros militares derivados de la guerra.

EL SERVIDOR   Una oi[51].

TRIGEO   ¿Una oi?

EL SERVIDOR   Perfectamente.

TRIGEO   Pero esa es una palabra jonia[52].

EL SERVIDOR   Y que nos viene al pelo, porque, si en la
                 Asamblea algún orador se pone a recla-
                 mar la guerra, el auditorio, espantado, gri-
                 tará: ¡Oii! ¡Oii!

TRIGEO   Pues tienes razón.

EL SERVIDOR   Y habrá paz. De esta manera seremos unos
                 con otros como corderos, y mucho más
                 comprensivos con los aliados.

TRIGEO   Ea, traed cuanto antes la oveja; yo prepa-
                 raré el altar para sacrificarla.

EL CORO   ¡Qué bien sale todo, con la ayuda de los
                 dioses y el favor de la fortuna! ¡Con qué
                 oportunidad se organizan las cosas!

---

[51] Oi significa oveja en dialecto jonio.

[52] Para comprender este pasaje es preciso tener presente que la
palabra oi, oveja, la pronunciaban las jonios deshaciendo el
diptongo de lo que resultaba la exclamación de disgusto a
que después se alude.

TRIGEO	Nada más evidente: ahí tenéis un altar alzado ante la puerta.
EL CORO	Apresurémonos ahora que los dioses hacen que sople un viento furioso contra la guerra y que en la hora actual la providencia trabaja manifiestamente en nuestro favor.
TRIGEO	Ahí está la cesta con la cebada sagrada, la guirnalda y el cuchillo; también el fuego; de modo que solo falta la oveja.
EL CORO	Apresuráos, apresuráos, porque si os ve Quiris vendrá sin que se le llame, y tocará la flauta hasta que os veáis obligados a taparle la boca con algo para premiar sus fatigas.
TRIGEO	(Al SERVIDOR.) Anda, coge la cesta y el agua lustral y da una vuelta por la derecha alrededor del ara.
EL SERVIDOR	Ya he dado la vuelta; a sus órdenes.
TRIGEO	Ahora sumerjamos este tizón en el agua. (Rociando a la víctima y dirigiéndose a ella.) Reanímate pronto. (Al SERVIDOR.) Tú, pásame la cebada y preséntame el agua lustral con la que te purificarás tú mismo las manos. En fin, échales granos a los espectadores.

EL SERVIDOR   Ya está.

TRIGEO   ¿Terminaste la distribución?

EL SERVIDOR   Sí, por Hermes ninguno de los especta-
                   dores ha dejado de recibir su correspon-
                   diente cebada.

TRIGEO   Pero las mujeres no la han recibido.

EL SERVIDOR   Ya se la darán sus maridos esta noche[53].

TRIGEO   Está bien; elevemos ahora nuestras pre-
                   ces. ¿Qué hay aquí? ¿Hay mucha gente
                   honrada?

EL SERVIDOR   Aguarda a que les dé a estos; son muchos
                   y buenos.

                   (*Rocía de agua a los espectadores*).

TRIGEO   ¿Dices que son honrados?

EL SERVIDOR   ¿Cómo no, si a pesar de haberles rociado
                   de lo lindo están firmes y plantados en su
                   puesto?

TRIGEO   Anda, no perdamos más tiempo, oremos.
                   ¡Oh santa de las santas. Paz venerada,

---

[53] Para comprender la alusión hay que saber que la palabra griega que significa cebada designa igualmente al miembro viril.

patrona de los corazones, reina de las nupcias, acepta nuestro sacrificio!

EL SERVIDOR   Acéptalo, por Zeus, ¡oh, la más honrada de las diosas! Tú no hablas como esas mujeres que engañan a sus maridos; esas, digo, que miran por la puerta entreabierta y cuando alguno se fija en ellas, se retiran; después, si se aleja, vuelven a mirar. ¡Oh, no hagas eso con nosotros!

TRIGEO   No, por Zeus; muéstrate al contrario, como una mujer honesta, sin rebozo a tus adoradores, que hace trece años nos consumimos lejos de tí. Pon término a las luchas y tumultos, y hazte acreedora al nombre de Lisímaca[54]; corrige esa suspicacia y charlatanería que engendra nuestras mutuas calumnias; une de nuevo a los griegos con los dulces vínculos de la amistad y predisponlos a la benignidad y a la indulgencia; haz, en fin, que en nuestro mercado abunden las mejores mercancías, ristras de ajos, cohombros tempranos, manzanas, granadas y pequeñas túnicas para los esclavos; que afluyan a ella los beocios cargados de gansos, ánades y alondras; que vengan con cestos de anguilas del Copais y, amontonados en torno de ellas, luchemos entre la turba de

---

[54] Nombre que significa: poner fin a los combates.

compradores, con Morico, Teleas y Glaucetes y otros glotones ilustres; y que Melantio, llegando el último al mercado, y viéndolo todo vendido, se lamente y exclame como en su Medea: «¡Yo muero! ¡Me han abandonado las que se esconden entre las acelgas[55]!, y que todos se rían de su desgracia. Concédenos, diosa venerada lo que te pedimos. (*Al* SERVIDOR.) Coge el cuchillo y arréglatelas para degollar a la oveja como un hábil cocinero.

EL SERVIDOR   Pero eso no es lícito.

TRIGEO   ¿Por qué?

EL SERVIDOR   Me imagino que la Paz aborrece la matanza, y por eso nunca se ensangrienta su altar.

TRIGEO   Pues llévate adentro la víctima para inmolarla en el interior. Corta las dos piernas y tráelas aquí; y que el resto del animal quede para el corega.

(*El* SERVIDOR *entra con la oveja.*)

EL CORO   Tú, que permaneces aquí, reúne pronto las astillas y todo lo necesario para la ceremonia.

---

[55] Las anguilas solían aderezarse con acelgas.

TRIGEO   ¿No os parece que dispongo el hogar como el más experto adivino?

EL CORO   ¿Por qué no? ¿Acaso ignoras algo de cuanto un sabio debe conocer? ¿No prevés todo lo que un hombre de reconocida habilidad y audacia afortunada debe prever?

TRIGEO   En todo caso el humo de las astillas sofocarían al propio Estilbides. Traeré una mesa y me pasaré sin criado.

EL CORO   ¿Quién no ensalzará a un hombre que, arrostrando infinitos peligros ha salvado a nuestra sagrada ciudad? Jamás dejará de ser admirado por todo el mundo.

EL ESCLAVO   (*De vuelta.*) Tus órdenes están cumplidas. Toma las piernas y ponlas sobre el fuego, voy a buscar ahora las tripas y la torta.

TRIGEO   Eso corre de mi cuenta; pero pudiste volver antes.

EL SERVIDOR   Pues aquí estoy. ¿Te parece que he tardado?

TRIGEO   Asalo bien todo. Por ahí se acerca alguien que viene con una corona de laureles sobre la cabeza.

EL SERVIDOR   ¿Quién puede ser ese?

TRIGEO	Tiene aire de charlatán.
EL SERVIDOR	¿Un adivino quizás?
TRIGEO	Ni por asomo, muchacho. Es nada menos que Hiérocles, el que dice sus Oráculos en Orea[56]. ¿Qué querrá decirnos?
EL SERVIDOR	¿Qué querrá decirnos?
TRIGEO	Estoy cierto de que viene para oponerse a la Paz.
EL SERVIDOR	O es que le atrae el olor del asado.
TRIGEO	Hagamos como que no lo vemos.
EL SERVIDOR	Tienes razón.
HIÉROCLES	¿Qué sacrificio es este? ¿A qué dios lo ofrecéis?
TRIGEO	(*Al* SERVIDOR.) Tú ocúpate de asar sin decir nada; y sobre todo, no toques los riñones.
HIÉROCLES	Pero ¿no me diréis a qué dios sacrificáis?
TRIGEO	(*Al* SERVIDOR.) El rabo parece bueno.

---

[56] Ciudad de Eubea, cuyos habitantes eran partidarios de la guerra. Hiérocles era un adivino poco perspicaz, criticado por su arrogancia.

EL SERVIDOR   Excelente, ¡oh, Paz venerada y querida!

HIÉROCLES   Vamos, empieza y dame las primicias.

TRIGEO   Hay que esperar a que esté bien asado.

HIÉROCLES   Pero estos trozos ya están.

TRIGEO   No sé quien puedas ser; pero sí que te metes donde no te importa. (*Al* SERVIDOR.) Ya puedes cortar.

HIÉROCLES   ¿Dónde está la mesa?

TRIGEO   (*Al* SERVIDOR.) Trae el vino de las libaciones.

HIÉROCLES   La lengua se corta aparte.

TRIGEO   Lo sabemos; y tú, ¿sabes lo que debías hacer?

HIÉROCLES   Habla y lo sabré.

TRIGEO   Pues no abras más la boca ni nos dirijas la palabra. Estamos ofreciéndole un sacrificio a la Paz.

HIÉROCLES   [57]‹*Ingenuos y pobres mortales de débiles meninges*›.

---

[57] Todo el texto entre los símbolos ‹ y › es una parodia.

TRIGEO   ¡Qué todo eso recaiga sobre tu cabeza!

HIÉROCLES   ‹Que sin comprender los designios de los dio-
                ses habéis firmado la paz, hombres, con mo-
                nos en quienes brilla una mirada artera›.

TRIGEO   ¡Ja! ¡Ja! ¡Ja!

HIÉROCLES   ¿De que te ríes?

TRIGEO   Los «monos en quienes brilla una mira-
                da artera», me divierten.

HIÉROCLES   ‹Estúpidas palomas, que os fijáis de los zo-
                rros de falso corazón y pensamientos fal-
                sos›.

TRIGEO   ¡Plegue al cielo, imbécil, charlatán, que
                tus pulmones se asen como esto!

HIÉROCLES   ‹Si las Ninfas no engañaron a Bacis,
                si los mortales no fueron engañados por Bacis,
                ni Bacis por las Ninfas...›.

TRIGEO   ¡Muere y revienta antes que seguir con
                tus idioteces¡

HIÉROCLES   ‹Mas no sonaba aún la hora de la paz
                pues antes era preciso...›.

TRIGEO   (Al SERVIDOR.) Hay que echarles sal a esos
                trozos de carne.

HIÉROCLES   ‹*Los dioses solo harán cesar las batallas
                 cuando lobos y corderos sellen sus*
                                        [*esponsales*›.

TRIGEO   ¿Cómo quieres, maldito animal, que un
                 lobo pueda casarse jamás con una cor-
                 dera?

HIÉROCLES   ‹*En tanto que se vea correr a la fétida chinche
                 y que el jilguero vacíe los ojos de sus crías
                 las ciudades no podrán hacer la paz entre sí*›.

TRIGEO   Pues ¿qué debíamos hacer? ¿Continuar
                 la guerra? ¿Echar suertes sobre quien ha-
                 bía de llorar más, cuando podíamos unién-
                 donos por un tratado compartir la he-
                 gemonía sobre Grecia?

HIÉROCLES   ‹*Nunca conseguirás que el cangrejo marche
                 en línea recta*›.

TRIGEO   En adelante, tú ya no cenarás en el Pritá-
                 neo[58], ni podrás dedicarte a los oráculos.

HIÉROCLES   ‹*Nunca suavizarás la piel áspera del erizo*›.

TRIGEO   ¿Y tú acabarás alguna vez de engañar a los
                 atenienses?

---

[58] Los adivinos, especialmente en tiempo de guerra, eran soste-
nidos en el Pritáneo a cuenta de la nación.

HIÉROCLES   ¿En virtud de qué oráculo estáis asando
esas piernas para los dioses?

TRIGEO   En virtud de este famoso oráculo expre-
sado nada menos que por Homero:
La negra nube de la odiosa guerra
Disipamos así, y en dulce abrazo
Estrechando a la Paz, cien sacrificios
Le ofrecimos gustosos.
Cuando el fuego devoró de las víctimas
                              [las piernas
Nosotros sus entrañas consumimos
E hicimos libaciones: dirigía
La fiesta yo: mas nadie presentaba al
               [adivino la brillante copa[59].

HIÉROCLES   Eso nada tiene que ver conmigo; la Sibila nunca habló así.

TRIGEO   También el sabio Homero, por Zeus, dijo
muy bien:
Que tu casa, ni hogar, ni patria tiene
El que las guerras intestinas ama
Siempre dañosas.

HIÉROCLES   ‹*Ten cuidado no te arrebate el milano*
la carne con una de las suyas...›.

TRIGEO   ¡Cuidado, tú! Que este oráculo funesto

---

[59] El oráculo recitado por Trigeo está formado de fragmentos
tomados de La Ilíada y de La Odisea.

no puede referirse más que a las tripas. Echame antes una libación y después me traerás una porción de ellas.

HIÉROCLES   Si os parece, voy a servirme yo mismo.

TRIGEO   ¡La libación, la libación!

HIÉROCLES   Echame a mí también vino y dame una porción de tripas.

TRIGEO   Sí, pero eso no place a los dioses inmortales, sino que tú te retires mientras hagamos nosotros las libaciones. ¡Oh veneranda Paz, permanece a nuestro lado toda la vida!

HIÉROCLES   Dadme la lengua.

TRIGEO   Llévate la tuya.

EL SERVIDOR   ¡Libación!

TRIGEO   (*Dándole al* SERVIDOR *un trozo de carne.*) Toma esto, además de las libaciones.

HIÉROCLES   ¿Nadie me dará unas pocas tripas?

TRIGEO   No; nada podremos darte hasta que el lobo se case con la cordera.

HIÉROCLES   ¡Por favor! Te lo pido de rodillas.
TRIGEO   Tus ruegos son inútiles, amigo mío; no lo-

grarás suavizar «al áspero erizo». Ea, señores espectadores, acompañadnos a comer estas sabrosas tripas.

HIÉROCLES   ¿Y yo?

TRIGEO   Cómete a la Sibila.

HIÉROCLES   Por la Tierra, no os las comeréis vosotros
solos; si no me dáis os las quitaré; perte-
necen a la comunidad.

TRIGEO   (*Al* SERVIDOR.) Sacúdele, sacúdele a esa especie de Bacis.

HIÉROCLES   ¡Sed testigos!

TRIGEO   De que eres un glotón y un impostor.
¡Duro con él! ¡Echalo de aquí a palos¡

EL SERVIDOR   Dale tú, mientras voy a quitarle las pieles
de las víctimas que nos ha escamoteado.

TRIGEO   Suelta esas pieles, adivino infernal. ¿Me
oyes? ¿Qué especie de cuervo es este que
nos ha venido de Orea? Ea pronto, em-
prende el vuelo hacia Elimnio[60].

EL CORIFEO   ¡Qué placer, qué placer verse libre de cascos, quesos y cebollas! Los combates para
quien los quiera; a mí solo me gusta beber

---

[60] Al parecer, templo de Eubea.

con mis buenos amigos, junto al hogar, donde con viva llama arde y chisporrotea la leña cortada en el rigor del estío, tostar garbanzos sobre las ascuas, asar bellotas entre el rescoldo y darle un tiento a Tratta[61] mientras se baña mi esposa. Después de hecha la siembra, cuando la riega Zeus con benéfica lluvia, nada hay tan agradable como el hablar así con un vecino: «Dime, ¿qué hacemos ahora, querido Comarquida? Yo quisiera beber, mientras el cielo fecunda nuestro campo. Ea, mujer, mezcla un poco de trigo con tres quénices de habichuelas y ponlas a cocer, y danos higos secos. Que Sira haga volver a Manes del campo; hoy no es posible podar las vides ni arar la tierra que está sumamente húmeda. Que me traigan el tordo y los dos pinzones. También debe de haber en casa calostro y cuatro tajadas de liebre si ayer noche no las robó el gato, porque oí en la despensa un ruido sospechoso. Muchacho, trae tres pedazos y dale el otro a mi padre. Pide a Edúnada unas ramas de mirto con sus bayas, y, ya que te coge de camino, dile a Carinades que venga a beber con nosotros, mientras el cielo benéfico fecunda los sembrados».

EL CORO   Cuando la cigarra entona su dulce cantine-

---

[61] Nombre de esclava.

la[62] me gusta ver si las uvas de Lemnos empiezan a madurar, pues son las más tempranas; y no menos me agrada mirar cómo van hinchándose los higos, y comerlos cuando están maduros, y exclamar, saboreándolos: «deliciosa estación». Después bebo una infusión de tomillo machacado, y logro así engordar en el estío, mucho más que...

EL CORIFEO
...que viendo a uno de esos taxiarcos[63], aborrecidos por los dioses, pavoneándose con su triple penacho y su clámide teñida de un rojo deslumbrador que pretende hacer pasar por púrpura de Sardes. Pero cuando ocurre pelear, él mismo se encarga de darle una mano de azafrán cicense. Y después huye veloz el primero, como un gallo agitando sus amarillas crestas, mientras yo monto mi guardia. Cuando están en Atenas estos valentones hacen cosas insufribles: inscriben a unos en las listas y borran a otros dos y tres veces, según su capricho. «Mañana es la marcha», oye decir a lo mejor un ciudadano que no ha comprado víveres porque nada sabía al salir de su casa, y luego, al pararse delante de la estatua de Pandion[64], ve su

---

[62] El canto o estridulación de la cigarra era muy agradable para los griegos.

[63] El taxiarco venía a ser una especie de jefe de división.

nombre inscrito en la lista; se aturde y echa a correr llorando. Así nos trataban a los pobres campesinos. A los ciudadanos ya les tienen más consideraciones. ¡Cobardes y aborrecidos de los dioses y los hombres! Pero si el cielo lo permite, ya tendrán su merecido. Mucho daño me han hecho esos taxiarcos, leones en la ciudad y zorros en el combate.

TRIGEO ¡Oh!, ¡oh! ¡Cuánta gente para el banquete de boda! (*Al* SERVIDOR.) Limpia las mesas con este penacho; ya no sirve para otra cosa. Trae enseguida los pasteles y los tordos, liebre en abundancia y panes.

EL FABRICANTE DE HOCES (*Que acaba de entrar.*) ¡Trigeo! ¿Dónde está Trigeo? ¡Oh queridísimo Trigeo, cuánto bien nos has hecho procurándonos la paz! Antes no había quien diese un óbolo por una hoz; ahora, vendo las que quiero a cinco dracmas. Este amigo vende a tres los toneles para el campo. Vamos, Trigeo, escoge entre estas hoces y todo lo demás cuanto quieras, y llévatelo gratis. Todo esto que vendemos y que nos produce buenas ganancias te lo ofrecemos como regalo de boda.

TRIGEO Bueno, bueno; dejadlo ahí todo y entrad

---

64 Una de las doce estatuas en cuyo pedestal se fijaban las listas de los ciudadanos que debían tomar las armas.

a cenar cuanto antes. Ahí se acerca un mercader de armas con cara de duelo.

EL ARMERO   (*Seguido de otros especialistas de efectos militares.*) ¡Ay, Trigeo, me has arruinado completamente!

TRIGEO   ¿Qué te pasa, desdichado? ¿Acaso te salen penachos de plumas en la cabeza?

EL ARMERO   Nos has quitado el trabajo y la subsistencia a mí y a este otro, fabricante de lanzas.

TRIGEO   Vamos, ¿cuánto quieres por esos dos penachos?

EL ARMERO   ¿Cuánto ofreces?

TRIGEO   ¡Que cuánto ofrezco? Me da vergüenza decirlo. Pero como el trenzado está hecho con gran primor, te daré tres quénices de higos secos, y me servirán para limpiar esta mesa.

EL ARMERO   Vengan los higos; (*Al fabricante de cascos.*) más vale poco que nada.

TRIGEO   Vete al infierno con tus penachos: tienen lacia la cerda; no valen un pito. No te daré ni un higo por todos ellos.

EL ARMERO   ¿Y esta coraza, tasada en diez minas y tra-

bajada con tanto esmero? ¿Qué voy a hacer con ella? !Pobre de mí!

TRIGEO   No se te irrogará perjuicio alguno; dámela en su precio; será un bacín elegantísimo.

EL ARMERO   No te burles de mí y de mis mercancías.

TRIGEO   Con ella... y tres buenas piedras donde apoyarse, ¿no tendremos cuanto hace falta para el caso?

EL ARMERO   Pero ¿cómo te limpiarás, imbécil?

TRIGEO   Perfectamente. Mira, paso una mano por la abertura del brazo, y la otra...

EL ARMERO   ¡Cómo! ¿Con las dos manos?

TRIGEO   Pues claro, para que no me acusen de defraudar al Estado tapando los agujeros de los remos[65].

EL ARMERO   ¿Y te atreverás a usar un bacín de mil dracmas?

TRIGEO   ¿Quién lo duda, miserable? ¿Crees que ni

---

[65] Alusión a los trierarcas, que mandaban cerrar varios agujeros en las naves para beneficiarse con el sueldo de los correspondientes remeros suprimidas.

por diez mil vendería yo mi trasero?

EL ARMERO   Pues bien, venga el dinero.

TRIGEO   Ay, querido, lo siento; pero tu coraza me destroza las nalgas. Llévatela; no puedo comprártela.

EL ARMERO   ¿Y qué voy a hacer con esta trompeta, que me cuesta a mí sesenta dracmas?

TRIGEO   Echa plomo en su cavidad; sujeta en lo alto una varilla algo larga, y tendrás un cótabo en equilibrio[66].

EL ARMERO   ¡Ay! Te burlas de mí.

TRIGEO   Otra idea. Echale plomo, como te he dicho; añade un platillo colgado de unas cuerdecitas, y tendrás una balanza para pesar en el campo los higos que has de distribuir a tu personal.

EL ARMERO   ¡Perra suerte! ¡Estoy arruinado! Yo, que en otro tiempo pagué una mina por estos cascos, ¿quién me los comprará ahora?

TRIGEO   Vete a vendérselos a los egipcios: son los

---

[66] Especie de juego.

únicos para medir sirmea[67].

EL ARMERO   ¡Ay, mi buen fabricante de cascos, qué desgraciada es nuestra suerte!

TRIGEO   La suya no lo es.

EL ARMERO   Pues qué, ¿habrá todavía quien necesite cascos?

TRIGEO   Como sepa ponerles dos asas, los podrá vender mucho más caros.

EL ARMERO   Vamos, señor fabricante de lanzas.

TRIGEO   No, no; a este le voy a comprar esas picas.

EL ARMERO   ¿Cuánto das por ellas?

TRIGEO   Si las cortas por la mitad, para que puedan servir de rodrigones, te pagaré a un dracma el ciento.

EL ARMERO   Este hombre se burla de nosotros; vámonos, amigo.

TRIGEO   Muy bien hecho; pues ya salen a orinar los hijos de los convidados, y, si no me engaño, a preludiar sus cantos. Eh, mu-

---

[67] Planta purgante que se criaba en Egipto.

chacho si piensas cantar, ensáyate antes
delante de mí.

Niño Primero	*Celebremos ahora* *Los valientes guerreros...*
Trigeo	Maldita criatura, deja de cantarles a los valientes guerreros ahora que estamos en paz. Eres un truhancete mal educado.
Niño Primero	*Con furia aterradora* *Acométense fieros;* *Se aplastan sus combados* *Escudos...*
Trigeo	¡Escudos! ¿Quieres no hablar más de escudos?
Niño Primero	*...Alaridos* *De triunfo alborozados* *Se escuchan, y gemidos...*
Trigeo	¡Gemidos! Por Dionysos, me parece que quien va a gemir aquí eres tú, si continúas con tus gemidos y tus escudos combados.
Niño Primero	Pues ¿qué he de cantar? ¿Qué es lo que te gusta?
Trigeo	*Se comían de buey sendos tasajos.* *O cosas por el estilo.* *Disponían alegres el banquete*

Y cuantos platos hay apetecibles.

NIÑO PRIMERO *Se comían de buey sendos tasajos;*
Los sudorosos brutos denuncian
Hartos de pelear...

TRIGEO Eso es, hartos de pelear, se pusieron a comer. Canta, canta lo que comieron después de hartarse.

NIÑO PRIMERO *Después de terminada la comida,*
acorázanse el vientre...

TRIGEO Con buen vino, ¿verdad?

NIÑO PRIMERO *De las torres*
Se precipitan.
Alarido inmenso
Surca entonces...

TRIGEO Que Zeus te confunda con tus batallas, bribonzuelo; no sabes más que cantos de guerra. ¿De quién eres hijo?

NIÑO PRIMERO ¿Yo?

TRIGEO Sí, tú.

NIÑO PRIMERO De Lámaco.

TRIGEO ¡Oh! ¡Oh! Ya se me figuraba que debías de ser hijo de algún aficionado a combates y heridas; de algún Boulómaco o Clausí-

maco. Largo de aquí. Vete a entonar tus canciones a los lanceros. ¿Dónde está el hijo de Cleónimo? (*Dirigiéndose al* NIÑO SEGUNDO.) Ven acá; canta algo antes de entrar en casa. Estoy seguro de que tus cantares no serán tan belicosos, ya que tu padre es tan prudente.

NIÑO SEGUNDO   *Un habitante de Sais*
ostenta el brillante escudo,
que abandoné a pesar mío
junto a un florecido arbusto[68].

TRIGEO   Dime, joven macho, y eso, ¿lo cantas por tu padre?

NIÑO SEGUNDO   *Salvé mi vida...*

TRIGEO   ...deshonrando tu linaje. Pero entremos; demasiado sé que el hijo de tal padre no olvidará nunca lo que acaba de cantar sobre el escudo. Vosotros los que os quedáis al festín ya no tenéis que hacer otra cosa más que comer y consumir todas las viandas y menear sin descanso las mandíbulas. Lanzaos sobre todos los platos y comed a dos carrillos. ¿Para qué sirven, si no es para comer, los buenos dientes?

EL CORIFEO   Eso queda a nuestro cargo; nos has dado

---

[68] Versos de Arquíloco, que huyó en un combate arrojando su escudo y después celebró él mismo su hazaña. Cleónimo hizo lo mismo.

un buen consejo. ¡Vamos! Los que ayer estabais hambrientos, saciaos ahora de liebre; no todos los días se encuentran pasteles abandonados. Devoradlos, pues, si no, tal vez sintáis mañana no haberlo hecho.

Trigeo

Silencio, silencio, va a presentarse la novia; coged las antorchas[69]: que todo el pueblo se regocije y baile. Cuando hayamos bailado, bebido y expulsado a Hipérbole, llevaremos de nuevo al campo nuestro humilde ajuar y pediremos a los dioses que otorguen a los griegos oro en abundancia, y a nosotros riquísimas cosechas de cebada y vino, dulces higos y esposas fecundas. Así podremos recobrar los perdidos bienes y abolir para siempre el uso del acero homicida. Ven, amiga, al campo. Te ha llegado la hora, gentil mujercita, de embellecer mi lecho.

El Corifeo

Eres digno de los bienes que ahora posees. ¡Himeneo, oh himeneo! ¡Himen, oh himeneo!

Trigeo

¿Qué le haremos?

El Coro
Trigeo

¿Qué le haremos?
La vendimiaremos.

---

[69] Las antorchas nupciales.

EL CORO   La vendimiaremos.

EL CORIFEO   Pues bien, amigos, los de la primera fila
                   alcemos al novio y llevémoslo en triun-
                   fo. ¡Himen, oh himeneo! ¡Himen, oh hi-
                   meneo!

TRIGEO   Ya no hay duda; viviréis felices y sin dis-
                   gustos, cosechando vuestros higos. ¡Hi-
                   men, oh himeneo! ¡Himen, oh himeneo!

EL CORIFEO   Grande y gorda es la del marido; breve y
                   suave la de la mujer.

TRIGEO   (Al CORO.) Espera para hablar a haber
                   comido y bebido a placer. ¡Himen, oh hi-
                   meneo! ¡Himen, oh himeneo! (A los es-
                   pectadores.) Y vosotros, si queréis seguir-
                   me, comeréis pasteles.